Frau und Mann mal anders gesehen

von Michael Baltus

AF210754

MIX
Papier aus verantwortungsvollen Quellen
Paper from responsible sources
FSC® C105338

FSC
www.fsc.org

Die Wahrheit über Männer und Frauen

Dieses Thema, nämlich über die beiden unterschiedlichen Geschlechter zu schreiben wurde schon unzählige Male praktiziert und veröffentlicht. In allen Sprachen, Ländern und unterschiedlichen Kulturen gibt es Lektüren über Frauen und Männer. Deshalb wird es von mir mit Sicherheit auch keine neuen Erkenntnisse für den interessierten Leser geben. Aber ich hoffe trotzdem, dass mein Buch jeden, der es liest, mit einem Schmunzeln an sich fesseln wird. Nehmt das Geschriebene auch nicht zu ernst, obwohl Frau und Mann sicher schon Ähnliches erlebt haben dürften. Natürlich ist das, was ich verfasst habe, rein aus meinen Gedanken entsprungen. Sollte sich trotzdem jemand darin wiederfinden, dann ist dies purer Zufall und von mir nicht gewollt.

Zu Anfang stelle ich die Frage in den Raum, kennen wir als Mann die Frauen oder umgekehrt kennen die Frauen uns Männer eigentlich?

Da ich als Mann die nächsten vielen Worte geschrieben habe, bitte ich die Damenwelt jetzt schon um Entschuldigung, sollte ich im Unrecht gewesen sein oder etwas falsch wiedergegeben habe. Aber auch die Männer sollten mir nicht den Fehdehandschuh vor die Füße werfen, nur weil ich sie vielleicht in der einen oder anderen Beschreibung schlechter wegkommen lasse. Entspannt euch lieber und lest einfach die nächsten Seiten, denn das von mir Geschriebene soll entspannend wirken und jedem ein Lächeln über das Gesicht zaubern.

Es wurde schon darüber geschrieben, warum Frauen kein Auto fahren können sollen oder Männer nicht gelernt haben zuzuhören. Auch das Frauen und Männer eigentlich von verschiedenen Planeten stammen habe ich schon gelesen. Na ja, das wäre schon ziemlich weit hergeholt. Aber ein Löwe ist nun mal kein Tiger oder umgekehrt und trotzdem gehören beide Arten zu den Großkatzen. Genauso ist es bei den Frauen und den Männern. Beide gehören der Rasse der Menschen an und das, obwohl sie unterschiedlicher gar nicht sein könnten. Nicht nur ihre Körper haben ein anderes Aussehen, auch die Gefühle und das Denken haben meistens nichts miteinander zu tun.

Im Vorschulalter ist der Abstand zwischen Mann und

Frau oder besser gesagt, zwischen Junge und Mädchen noch am größten. Beide Seiten halten sich meist von der Andren fern. In dieser noch jungen Phase ihres Lebens sind Jungen für Mädchen einfach nur blöd und die Jungen finden Mädchen doof. Aber warum ist das so? Ganz einfach. Mädchen wollen nicht raufen und kein Fußball spielen und Jungen interessieren sich nicht für Kleider oder Puppen. Oder doch nicht so einfach? Vielleicht liegt es auch daran, dass Mädchen im gleichen Alter in der Entwicklung dem Jungen voraus sind. Natürlich möchte der Junge dem Mädchen aus der Nachbarschaft gefallen, aber das nur aus sicherer Entfernung und von seinen Freunden unerkannt. Denn noch immer sind die Mädchen ja doof. Das wird sich mit Beginn der Pubertät schnell ändern und zwar schneller als der Bub das denkt. Wie ein Magnet die Eisenspäne oder in der Nacht das Licht die Motten anzieht, so versucht der pubertierende Junge in die Nähe seiner favorisierten jungen Dame zu gelangen. Aber erst sind wir ja noch im Kindergarten und dort sind die immer tobenden und raufenden Jungen für die vornehmen kleinen Damen blöd. Als Junge muss ich mich nun mal gegen den Konkurrenten behaupten und wenn dies nun mal in einem Ringkampf enden soll, dann ist es nun mal so. Dabei wird unter den Raufenden nur vergessen, dass es neben dem Gewinner immer einen Verlierer gibt und dann ist das Geheule groß. Denn niemand möchte gerne das Gesicht durch eine Niederlage verlieren und das vielleicht noch vor den Mädchen im Kindergarten. Aber die kleinen Jungen sollten den Kopf nicht in den Sand stecken, denn das ganze Leben werdet ihr versuchen gut vor eurer Herzdame dar zu stehen und oft genug kommt ein anderer selbsternannter Platzhirsch mit großem Geweih, um euch den Platz streitig zu machen. Das erstaunliche daran ist aber, dass der Gewinner des Ringkampfes nicht die Gunst der Mädchen, sondern der Verlierer den Trost der anwesenden Damenwelt erhält.

Schon in diesem Alter sind Mädchen viel einfühlsamer als die gleichaltrigen Knaben. Das kleine Mädchen steht vor dem Spiegel und bewundert die Schminkutensilien ihrer Mutter. Ganz heimlich oder doch mal mit Öl Mamas Hilfe werden dann die Fingernägel lackiert oder der Lippenstift aufgetragen. Dazu die Haare frisiert und die Kleine betrachtet stolz ihr Spiegelbild. Sie will sein, wie ihre Mutter. Der Junge dagegen hat andere Interessen. Liegt der Ball auf der Wiese, muss dieser ins Tor geschossen werden. Auch wenn das Tor das Küchenfenster ist. Die Hose dreckig, das macht dem kleinen Kerl überhaupt nichts. Die kleine Schwester dagegen zieht sich schon bei dem kleinsten Flecken auf ihrer Bluse wieder um. Die Mutter bei der Hausarbeit beobachtend spielt sie dann später das Geschehen mit ihren Puppen oder Freundinnen nach. Fragt man die Mädchen, was sie später, wenn sie groß sind einmal werden möchten, kommen meist

Antworten wie Frisörin, Model oder Sängerin. Kein Mädel möchte KFZ-Mechanikerin, Feuerwehrfrau oder Bergmann werden. Auch kümmern sich Mädchen schon früh um die jüngeren Geschwister und helfen so der Mutter im Haushalt. Jungen würden nie freiwillig im Haushalt helfen. Sie haben keine Lust auf die jüngeren Brüder oder Schwestern aufzupassen. Aufräumen gehört auch nicht zu deren favorisierten Aufgaben. Doch holt der Papa die Bohrmaschine aus dem Keller, wird es doch noch im Haushalt interessant. Die Technik und die Handhabung solcher Werkzeuge faszinieren den kommenden Mann gewaltig. Mit Technik haben es die Mädchen dagegen nicht so. Wenn wir in der Evolution des Menschen zurückgehen und den Steinzeitmenschen beobachten könnten, dann würden wir sehen, dass die Frau im Lager am Feuer ihre Tätigkeiten verrichtet und nur in der Nähe ihrer Höhle nach Beeren und Nüssen sucht. Der Mann in früher Zeit musste aber jagen. Er war zuständig das genügend Essen auf dem Tisch kam. Na ja in dem Fall natürlich in die Höhle kam. Dazu musste er kilometerweite Strecken zurücklegen und mit seiner Waffe das Wild erledigen. Um dies zu schaffen mussten die gebrauchten Waffen immer weiter verbessert werden und aus dem Speer wurde ein Bogen, dessen Technik die Beute aus weiterer Entfernung erledigen konnte. So sehen wir, neue Technik zu bestaunen und zu benutzen ist dem Mann schon in der Evolutionswiege gelegt worden. Kleine Mädchen verteilen dafür gerne mal Küsschen an wohlwollende und sie liebhabene Menschen im Bekanntenkreis. Der rotznasige Junge versucht sich den Küsschen der Tanten lieber zu entziehen. Natürlich gibt es in vielen von mir erwähnten Fällen auch Ausnahmen, doch für den Großteil der Kinder gilt das Geschriebene.

Es gibt viele Dinge im Leben der Kleinen, die Mädchen neugierig hinterfragen, während der Junge kaum Interesse zeigt. In der Grundschule wollen Mädchen der Lehrerin meist gefallen und strengen sich im Unterricht an. Jungen dagegen warten nur auf die Pausenglocke.

Doch schon in den weiterführenden Schulen ändert sich mit der Pubertät das Interesse und vor allem das Verhalten zwischen Jungen und Mädchen. Es werden vermehrt Blicke untereinander ausgetauscht. Beim Spielen berühren sich die Hände, rein zufällig natürlich und die Jungen dürfen auch plötzlich auf eine Geburtstagsfeiereinladung von Mädchen hoffen. Es beginnt die erste knisternde Zeit im Leben der jungen Kinder. Zum ersten Mal beginnen die Schmetterlinge im Bauch an zu flattern. Man trifft sich jetzt ohne die Freunde oder Freundinnen ganz alleine und nun sind Mädchen nicht mehr doof und Jungen gar nicht mehr so blöd. Wenn sich der Junge benommen und sich gentlemanlike verhalten hat, gibt es vielleicht das erste Küsschen und dieses Mal versucht er nicht wie vorher bei der Tante sich wegzuschleichen. Um den Kuss beim ersten gemeinsamen Treffen zu erreichen muss auch schon mal das Taschengeld für zwei Eis beim Italiener dran glauben. Aber was tut Mann nicht alles, um seiner Herzdame zu gefallen. Wenn es bestens für den Knaben läuft, kommt in den nächsten Tagen ein von den Mitschülern weitergereichter Zettel auf der Schulbank angeflogen. „Willst du mit mir gehen?" Ja oder nein zum ankreuzen. Ja so fängt es an und so hört es niemals auf. Das weibliche Geschlecht bestimmt den Weg und wir Männer werden uns unterordnen. Es gibt den Spruch: Wer küssen will, muss freundlich sein! Oder ähnlich. Ja und ist er dann aus irgendeinem für ihn unbekannten Grund bei ihr durchgefallen, hilft alles betteln nichts mehr. Sie wendet sich von ihm ab, redet kein Wort mehr und hat mit dem Jungen abgeschlossen. Es kommt wieder ein Zettel angeflogen und dort teilt sie ihm mit, dass sie Schluss macht. Während er jetzt seinen ersten Liebeskummer zu ertragen hat, trifft die Angebetete sich schon mit einem anderen und der ist zwei Klassen über die seine.

Ja Frauen, egal in welchem Alter, vergeben Küsschen als Belohnung. Es gibt aber immer nur eins, egal wie toll das Bemühen oder das Geschenk von ihm auch war. Sollte sie dann endgültig einen Strich unter der Beziehung ziehen, gibt es für ihn nichts mehr zu holen. Die meisten Scheidungen gehen von den Frauen aus. Aber so weit sind wir noch nicht. Zuerst muss er seinen ersten Liebeskummer bewältigen. Nur wie, wenn sie jeden Tag in Sichtweite vor ihm in der Schulklasse sitzt. Sie schaut ihn überhaupt nicht mehr an und schwärmt bei ihren Freundinnen, wie toll ihr neuer Freund doch ist. Das ist kaum zu ertragen und heimlich möchte er am liebsten die Klasse wechseln, doch auch dieses Unterfangen gehört zur Mission Impossible. Aber auch der erste Liebeskummer geht irgendwann einmal vorbei. Genauso der Zweite, der Dritte, der Vierte usw. Nur Vorsicht, ist der Ehebund geschlossen, wird es für ihn nicht mehr vorbei sein. Denn in Deutschland ist es überwiegend der Mann, der Alimente zahlen muss und dann bleibt der Kummer bei jeder Überweisung.

Mädchen wollen erobert werden. Sie möchten das Gefühl haben, das Wichtigste für den Jungen zu sein. Also, wenn ihr Kerle eure Freundin behalten wollt, gebt ihr das von ihr gewünschte Gefühl. Nicht der Fußball mit den Kumpels sollte für euch an Nummer eins stehen. Ladet eure Herzdame lieber einmal mehr ins Kino ein und überlebt den Liebesfilm in Überlänge geduldig. Denkt immer daran, egal wie lang der Film auch dauert, er kommt wie der beste Aktionstreifen auch irgendwann zum Ende. Als Belohnung wird ein liebes Küsschen auf euch warten und die Zufriedenheit der kleinen Dame.

Schon als kleine Maus möchte sie gerne durch ihr neues Kleid die Aufmerksamkeit auf sich ziehen und ein Kompliment von ihrem Freund hören. Auch ihr Frisörbesuch sollte er sofort bemerken und positiv kommentieren. Denkt an die Küsschen. Wer sich an diesen Tipp hält, erhält ein Küsschen. Wenn nicht, dann gibt es Küsschenentzug und das läuft bei Frauen schon in jüngsten Jahren anders als das Verteilen von Küsschen ab. Wie wir wissen, gibt bei Gefallen ein Küsschen. Jetzt kommt es aber. Bei Nichtgefallen oder ihr habt sie dazu gebracht enttäuscht zu sein oder noch schlimmer wütend gemacht, dann gibt es Abzüge bei der Küsschenvergabe. Wer nun von den Jungs meint, ein Küsschen riskieren zu können, der irrt gewaltig. Denn beim Abzug von Küsschen wird es dazu kommen, dass der Mann gleich mehrere Küsschen abgezogen bekommt. So kann es auch mal passieren, dass der Junge oder Mann Tage der zuvorkommenden Höflichkeiten benötigt, um seine Partnerin wieder positiv zu stimmen. Ja, so begleitet sie ihn im ganzen Leben. Der Mann muss immer um ihre Gunst buhlen, denn genau das will sie so.

Dann kommt die Zeit der Entwicklungsreife. Mit der Pubertät verändert sich der Körper. Mit dem einen oder der anderen etwas schneller und mit den anderen vielleicht langsamer. Ein Jahr Unterschied sind in dieser Phase des Lebens Welten. Geht der Körper das Tempo nicht mit, bist du erst einmal raus aus dem Rennen. Mädchen schauen schon jetzt, was ihnen den größten Vorteil bringt. Als Frau ist es dann noch ausgeprägter. Wie kann ein fünfzehnjähriger Bub mit dem Freund seiner Angebeteten und seinem Auto mithalten. Der Konkurrent im ersten Lehrjahr mit eigenem Verdienst hat so die Nase weit vorne. Er bezahlt die Kinobesuche. Fährt mit ihr an den 100 Kilometer entfernten See zum Baden oder gibt ihr ein Pommes mit Currywurst aus. Ja, der kleine Klassenkamerad hat mit Tränen in den Augen das Nachsehen. Aber auch hier ist Geduld gefragt, denn das Blatt wird sich nach dem Studium zu euren Gunsten wenden. Im

Erwachsenenalter wird dann eure Gehaltsabrechnung den Ausschlag geben, die Dame des Herzens ausführen zu dürfen. In der Natur der meisten Frauen ist es nun mal so, dass sie lieber in einem Sportwagen aus Zuffenhausen steigen als in einer französischen Ente. Jetzt sollte keiner eine falsche Meinung über das weibliche Geschlecht haben, denn das Tierreich zeigt uns schon wo der Hase langläuft. Der Rudelführer wird immer nur der stärkste Löwe, Wolf oder Gorilla. Der Vogel mit dem besten Federkleid bei der Balz gewinnt das Herz seiner Vogeldame. Also nicht aufregen, die Frauen können ja nichts gegen ihre Natur.

Wenn wir Jungs ehrlich sind, lohnt der Einsatz aber. Ist es nicht schön, eine Freundin zu haben? Verliebt zu sein. Sie berühren zu dürfen. Zu küssen ist auch ganz toll und sie dann irgendwann einmal vor sich zu haben, wie Gott sie schuf. Sind wir kommende Männer doch mal ehrlich. Gibt es etwas Schöneres als den Körper einer Frau? Ihre wohlgeformte Figur, ganz anders als unser flacher Body. Wenn die Dame dir diesen Anblick erlaubt, glaubst du am Ziel deiner Träume zu sein. Doch auch wenn du bis hierher bei ihr gekommen bist, diktiert sie weiter das Geschehen.

Es liegt an ihr, ob sie dir erlaubt weiter gehen zu dürfen als du es vorher noch nicht einmal erträumt hast. Auch wenn jetzt genau das Hirn des Jungen und das zählt auch für erwachsene Männer blutleer ist und sich in der Leistengegend ansammelt, verliert nicht die Geduld und vor allem nicht die Kontrolle. Denkt immer daran,

Mädels oder Frauen wollen erobert werden. Lasst euch Zeit, gebt ihr das Gefühl, die wichtigste Person in eurem Leben zu sein und zwar konkurrenzlos. Seid humorvoll und witzig, aber niemals aufdringlich, denn dann seit ihr sie kurz vor dem Ziel wieder los.
Befolgt ihr diesen Ratschlag, dann habt ihr in nicht zu langer Zeit eine gemeinsame schöne Zeit. Und nun das Wichtigste. Denkt nicht zuerst an euch. Geht auf eure Partnerin ein. Nehmt euch alle Zeit der Welt und haltet euch zurück. Schafft ihr das und sie hört die Glocken im Himmel läuten, habt ihr sie gewonnen. Jetzt bist du ihr Held. Wenn du dich dann nicht sofort umdrehst und schläfst, sondern mit ihr zärtlich kuschelst, auch wenn es schwerfällt, sollte der Fisch am Haken sein. Jetzt heißt es, keinen Fehler zu machen. Vor allem das Erlebte nicht bei den Kumpels ausplaudern und du hast für längere Zeit eine Freundin.

Natürlich sind die Mädchen auch neugierig, was unter dem Shirt und der Jeans eines interessanten Jungen steckt. Sie tuscheln miteinander und stecken kichernd die Köpfe zusammen. Doch deren Hirn bleibt Gott sei Dank nicht blutleer. Sie träumen von ihrem Traumprinzen und leben in Gedanken in einer anderen Welt. In dieser Welt, liest ihr Prinz ihr jeden Wunsch von den Augen ab. Er behandelt sie zuvorkommend und mit größtmöglichem Respekt. Der Mann trägt sie mit seinen muskulösen Armen, die aber alle Zärtlichkeiten dieses Universums in sich haben, in sein

Schloss. Ja Jungs immer daran denken, die Frau hat vorher schon alles in ihrem Kopf durchgespielt und ihr solltet euch die Mühe machen es ihr so angenehm wie in ihren Träumen zu machen. Solltet ihr nur schnell zum Schuss kommen wollen, seid ihr sie so fix wieder los, bevor ihr den Knall eures einzigen Schusses gehört habt.

Dann verfolgen euch plötzlich Kommentare eurer Freunde. „Seit du mit deiner Freundin zusammen bist, ist mit dir nichts mehr los". Diesen oder ähnliche Sprüche müsst ihr sofort ignorieren, denn glaubt mir, der Sprücheklopfer täte alles, um an eurer Stelle zu sein. Auch wenn alles optimal für den Jungen und das Mädchen läuft, eines ist fast zu 100 % gewiss, irgendwann klopft der Liebeskummer wieder an, denn die wenigsten Pärchen bleiben von der Jugend an zusammen.

Den größten Gefallen, den ein Mann einer Frau machen kann, ist, mit ihr shoppen zu gehen. Ja, ich weiß, es ist furchtbar und nervend, doch für sie das gleiche wie für euch ein Besuch im Stadion eures Lieblingsbundesligavereins. Da werden Hosen, Jacken, Blusen und alles andere ziellos anprobiert ohne sich entscheiden zu können. Geht der Mann für eine Hose einkaufen, läuft der Film so oder ähnlich ab. Mann, Geschäft, Hose anprobiert, passt, kaufen und ab nach Hause. Frauen aber steuern in für Männer unverständlicherweise ohne wirkliches Ziel die Läden an und probieren in unzähligen Umkleidekabinen die

Sachen an. Gekauft wird natürlich auch etwas, aber auf dem Rückweg sagt sie dann, dass sie am nächsten Tag erneut losmüsste, denn eine Hose, die ja der eigentliche Grund für das Shopping war, hat sie nicht gekauft. Und liebe Männer, denkt bitte immer daran, wenn eure Partnerin zwei Stunden Schuhe im Schuhgeschäft anprobiert, wie lange ihr nach der passenden Alufelge für euer Auto sucht.

Lügen sollte jeder Mann.
Jetzt stellt sich natürlich jeder, der diesen Satz liest, warum soll der Mann lügen? Die Antwort ist ganz einfach. Um den Seelenfrieden weiter zu gewährleisten. Denn ist die Dame beleidigt, nur weil er ihr seine Meinung zugesteckt hat, dann ist die Luft zwischen den beiden so dick, dass diese wochenlang undurchdringlich für ihn ist. Natürlich sollte die Beziehung nicht auf dem Fundament der Lügen aufgebaut sein oder die Partnerin und umgekehrt nicht ständig angelogen werden. Doch es gibt Situationen, in der eine kleine Unwahrheit zwischen beleidigt oder glücklich sein entscheidet. Hier einige Beispiele.
Sie kommt vom Frisör und hat sich die langen Haare abschneiden lassen. Stolz präsentiert sie dir ihren neuen Kurzhaarschnitt. Im ersten Moment traust du deinen Augen nicht. Man ey, ist sie das wirklich? Die langen Haare, die du so an ihr geliebt hast, einfach weg. Jetzt kommt der entscheidende Moment. Genau jetzt darfst der Mann nichts Falsches sagen. Egal, wie

schrecklich du ihre Frisur auch findest, sage ihr niemals, was du wirklich denkst. Überwinde dich und spring lächelnd über deinen Schatten. Hol unauffällig tief Luft und sage ihr wie toll sie aussieht. Und schon gibt es ein Küsschen. Mit dieser kleinen Notlüge hast du die Situation gerettet.

Eine weitere Situation, bei der eine kleine Unwahrheit ihre Laune nicht verschlechtert. Samstagabend und ihr seid um 20 Uhr verabredet. Du als Mann bist um 19:30 Uhr fertig angezogen. Die 20 minütliche Fahrzeit schon einkalkuliert wartest du auf dein Liebling. Nach 5 weiteren Minuten schaust du auf die Uhr. Hm, du weißt, ihr müsstet jetzt eigentlich losfahren, um pünktlich zum Treffen zu erscheinen. Vorsichtig und zwar ganz vorsichtig, rufst du mit liebevoller Stimme, ob deine Liebste fertig ist. Du wartest auf eine Antwort, die aber nicht kommt. Du fragst noch einmal vorsichtig, wie weit sie ist. Keine 10 Sekunden steht sie ohne Schuhe in einem etwas zu engen Kleid vor dir. In diesem Moment wird dir klar, ihr kommt zu spät. Deine Nervosität steigt und gibt den Stab an leichte Unverständnis weiter. Nun fragt sie dich, ob das Kleid nicht zu knapp ausfällt und ihr Bauch und Po dick aussehen würden. Du, die Zeit im Kopf willst endlich losfahren, doch für sie ist deine Meinung von elementarer Wichtigkeit. Also kommt folgende Antwort. „Schatz, du siehst umwerfend aus, aber wir müssen jetzt losfahren".

Sie schaut dich an und dreht sich kommentarlos um, nur um wieder ins Schlafzimmer zu verschwinden.

Wenn du als Mann nun denkst, sie zieht ihre Schuhe an und ist startklar, begibst du dich auf einen Irrweg. Langsam verwandelt sich dein Unverständnis in leichten Ärger. Die Uhr sagt dir gerade an, dass dir noch 5 Minuten bis zum Treffpunkt bleiben. Ihr kommt definitiv zu spät. Gerade als du dein Handy herausholst, um Bescheid zu sagen, dass ihr ein paar Minuten später als verabredet einkehren werdet, steht sie wieder vor dir. Dieses Mal im Rock und figurbetonten Oberteil. Du schaust nur auf ihren Busen und fragst dich, was das soll. „Schatz oder soll ich lieber das anziehen", hörst du sie fragen. Jetzt springt deine Ampel von gelb auf rot. Wenn der Mann sich jetzt nicht selbst unter Kontrolle hat, rumst es gewaltig. Mit Wut im Bauch versuchst ihr noch ein gekünsteltes Lächeln zu schenken und gibst zur Antwort. „Das sieht super aus". Sie: „Das sagst du doch nur, weil du weg willst". Das ist der Punkt, wo du dich fragst, kommen Frauen vielleicht doch von einen anderen Planeten?

Ja ja, Frauen verstehen fällt uns Männern schwer oder vielleicht lernen wir diese Geschöpfe niemals richtig kennen. Aber auch wir Männer haben unsere Macken. Bevor ich zu uns komme, möchte ich noch einen Witz, der mir gerade zu diesem Thema einfällt, schreiben. Ein Mann aus der Normandie in Frankreich war gottesfürchtig und immer nett in seinem Leben. So erschien ihm eines Nachts Gott. Gott sprach ihn wegen seiner Frömmigkeit an und versprach, ihm einen

Wunsch zu erfüllen. Der Mann überlegte lange und Gott erwähnte noch, dass er jeden Wunsch erfüllen könnte. Da fragte der Franzose Gott, ob er ihm nicht wegen seiner Flugangst eine Brücke von Frankreich nach Amerika bauen könnte. Gott blickte den Mann an, hob die rechte Augenbraue und schüttelte den Kopf. Dieser Wunsch ist auch für ihn unerfüllbar. Eine Brücke über den Atlantischen Ozean könnte noch nicht einmal Gott bauen. Der Mann durfte sich etwas anderes wünschen. Wieder überlegte der Normanne und da kam ihm plötzlich die Idee. Ich möchte gerne die Frauen verstehen können, war sein Wunsch. Gott sah seinem Gegenüber an, und antwortete: „Lass uns noch einmal über die Brücke von Frankreich nach Amerika reden".

So jetzt zu uns Männer. Stundenlang können wir uns über Dinge wie Fußball oder Autos unterhalten. Für die Damenwelt völlig unverständlich. Schon bei der Sportschau und den Zusammenfassungen kommt die Frage auf: „Du kennst doch das Ergebnis schon, dann brauchst du doch nicht mehr zu gucken".
Er versteht die Frage überhaupt nicht und fühlt sich von ihr gestört. Durch die Ablenkung schon das erste Tor nicht richtig mitbekommen. Er beachtet sie gar nicht und starrt weiter den Bildschirm an. Sie jetzt still, beobachtet ihn weiter. „Schatz, warum tickst du bei einer Chance deines Vereins immer selbst mit deinem rechten Fuß?" Er, voll auf das Spiel konzentriert, ruft dem ballführenden Spieler auf dem Bildschirm

Anweisungen zu. Sie sitzt da und macht ihn darauf aufmerksam, dass der Spieler ihn nicht hören könnte. Außerdem wäre das Spiel doch schon längst vorbei. Mit einer Handbewegung zeigt er ihr an, ihn nicht weiter zu stören und zufriedenzulassen. Sie steht auf und verlässt den Raum. 2 Minuten später steht sie nackt in der Tür und ruft: „Schatz ich gehe jetzt raus und treffe mich mit meinem Freund".

Er ganz vertieft in das Fußballspiel, hört und sieht gar nicht richtig hin, fragt aber ohne sie anzuschauen, ob sie ihn ein Bier mitbringen könnte.

Was für Frauen das Shopping-Center bedeutet, ist für den Mann der Baumarkt. Stundenlang kann der sonst so ungeduldige Kerl durch die Regale irren und sich an den zum Kauf angebotenen Artikeln erfreuen. Warum ist es so wichtig, welche Bohrmaschine es sein muss? Sie liegt sowieso nur im Keller und wartet darauf, alle 5 Jahre einmal zum Einsatz zu kommen. Und Löcher bohren sie alle in die Wände. Genauso bei der Unterhaltung welche Felge das Auto ziert oder wie viel Pferdestärken der Motor hat. Ist doch völlig egal. Hauptsache das Autoradio ist laut und der Wagen schwarz. Von A nach B bringen uns die Autos alle. Nur machen Männer daraus einen Wettbewerb. Es ist gleichzusetzen mit dem Wettkampf, wer hat den Größeren.

Trotz all der Unterschiede suchen wir unseren Gegenpart. Die Meisten auf jeden Fall. Plus zieht Minus an. Das ist ein physikalisches Grundgesetz und lässt sich nicht ändern. Vielleicht lieben wir ja auch genau das an dem anderen Geschlecht, was wir nicht haben? Natürlich gibt es auch Ausnahmen. Doch die sind nur äußerlich Plus oder Minus. Im Inneren können sie genau das Gegenteil sein.

Wir bleiben aber bei unserem jungen Pärchen von Frau und Mann. Bei der Partnerschaft möchte sie ihn für sich alleine haben. Unternehmungen sollten meist gemeinsam stattfinden. Er dagegen lebt den Vorzug einer Partnerschaft, möchte aber auch das frühere Singledasein mit den Kumpels beibehalten.
Also geht er öfter zum Fußball in den unteren Kreisligen. Nach dem Training dann noch ein Fläschchen Bier oder zwei, manchmal auch mehr. Sonntag zum Spiel und danach eine Bratwurst. Wieder ein oder zwei Fläschchen Felsquellwasser und der Sonntag ist gegessen. Er nimmt sich die Freiheit, mit der Ausrede Sport zu treiben. Immerhin besser als Sonntagnachmittag zum Kaffee und Kuchen bei der Schwiegermutter zu sitzen. Ach ja Schwiegermutter. Da war doch was! Schon immer von Anfang an hat sie ihn akribisch unter die Lupe genommen. Warum haben Töchter nur so eine enge Bindung zur eigenen Mutter? Dazu ist die Schwiegermutter anscheinend noch die beste Freundin und ewige Ratgeberin. Verscherze es

dir als Mann niemals mit der Mutter deiner Liebsten. Wenn doch, dann hat deine Partnerschaft mit ihrer Tochter nur noch wenig Zukunftschancen. Sei immer nett und zuvorkommend zu ihr. Bring mal Blumen mit und lass Sonntagnachmittag den Fußball ab und zu für das Kaffeekränzchen bei ihr ausfallen. Wenn du dann dort bist, räume deinen Teller weg und genieße den Nachmittag bei ihr. Ok, tu wenigstens so als wenn du den Nachmittag genießen würdest.

Am nächsten Sonntag kannst du dann wieder ohne Gewissensbisse zum Fußball gehen. Dumm gelaufen ist es für dich dann nur, wenn dein Team ohne dich das letzte Spiel grandios gewonnen hat. Never change a winning Team. Der Trainer wird dich nämlich auf die Ersatzbank setzen.

„Wie lange seid ihr eigentlich schon zusammen"? Fragt ihre beste Freundin. Sie überlegt gar nicht und antwortet: „3 Jahre, 7 Monate und 2 Tage." Die beste Freundin: „Und wie lange wohnt ihr schon zusammen?" „16 Monate", die Antwort. Freundin: „Hm."

Sie: „Was hm?"

Freundin: „nix."

Übrigens, wenn eine Frau nix sagt, sollte beim Mann die Alarmanlage laut aufheulen.

Sie: „Was meinst du?"

Freundin: „Warum fragt er dich nicht?"

Sie: „Was?"

Freundin: „Ja, was wohl?"

Sie: „Nee, wir wollen noch nicht heiraten."
Freundin: „Ok, dann ist ja alles gut. Ich aber würde ihn nicht so bedienen wie du es machst. Ohne Trauschein soll er sich doch selbst die Wäsche waschen und kochen könnte er bei mir auch selber."
Als er am Abend nach Hause kommt, ist die Küche seit langer Zeit mal wieder kalt geblieben. Egal wie angestrengt er hinschaut, es ist kein Essen vorbereitet. Sie liegt scheinbar entspannt auf der Couch als er fragt: „Ist irgendetwas?"
Ihre Antwort: „Nee NIX."

Sie kommt nass geschwitzt vom Joggen nach Hause. Vor der Haustür dehnt sie sich noch aus. Er beobachtet sie von ihr unbemerkt aus dem Küchenfenster. Was er sieht, gefällt ihm. Der knackige Po, den sie gerade in gebeugter Haltung zu ihm streckt, macht ihn an. Jetzt drückt sie in aufrechter Position den Rücken durch und streckt die Arme zum Himmel. Dabei spannt sich das Oberteil so, dass sich von innen die Brustwarzen gegen den Stoff nach außen drückten. Er konnte nicht genug sehen und sah sich schon mit ihr im Bett liegen. Ja meine lieben Damen, so sind die Kerle nun mal. Denken immer nur an das Eine.
Als er mit seinen Gedanken beschäftigt war, öffnete sie die Wohnungstür und trat herein. Sie zog sich das Haarband aus den Haaren und diese fielen offen herab. Im Vorbeigehen hauchte sie ihm einen Kuss zur Begrüßung auf die Wange, ohne jedoch die Haut zu

berühren. Er wollte gerade ihren Po berühren, als sie auch schon aus der Reichweite seiner Hände war. Er sah noch, wie sie die Sportbekleidung auszog und nackt durch die Tür ins Badezimmer flitzte. Den Bruchteil einer Sekunde konnte er ihren Busen sehen und schon war er wieder weg. Das nächste, was er wahr nahm, war das Geräusch der laufenden Dusche. Diese Gelegenheit wollte er nicht liegen lassen und zog sich schnell wie ein Blitz aus. Auf dem Weg zum Bad noch fast beim Socken abstreifen gestolpert und beinahe mit der Nase an den Türrahmen gelandet. Puh, noch mal Glück gehabt. Doch damit war sein Glück auch aufgebraucht. Denn als er zu ihr in die Duschkabine stieg, fragt sie ihn erstaunt, was das soll. Als sie ihn unter dem Bauchnabel wachsen sah, lachte sie ihn aus und verließ die Dusche mit dem Satz: „Heute nicht, mein Schatz, ich habe Migräne." Kurz danach stand er wie ein nasser Pudel alleine und verlassen im Bad.

Als sie kurz danach über 3 Stunden mit ihrer Freundin telefonierte und voller Begeisterung erzählen, zuhören und vor allem lachen konnte, war von der Migräne nichts mehr zu sehen.

Er führt sie ins Kino aus. Es läuft ein Aktion-Premierenfilm. Muskelbepackte Helden retten mit unglaublichen Stunts und rasanten Autofahrten die Welt. Schon der Trailer des Films vor einigen Wochen hat ihn so fasziniert, dass er sich diesen Tag im

Kalender rot eingetragen hat. Aus Angst, nicht pünktlich zum Start des Hollywoodstreifens im Kino zu sein, log er sie mit der Uhrzeit ein wenig an. Wir wissen ja, diese kleine Lüge ist erlaubt und garantiert den Seelenfrieden. Sie steht dann im kurzen Schwarzen unpünktlich, aber durch seine List doch noch pünktlich genug vor ihm. Sie dreht sich tänzelnd gutgelaunt und wackelt ein wenig mit ihrem Po. Vorsicht Männer, hier lockt die Venusfalle. Sie erwartet jetzt ein Kompliment. Natürlich weiß er das und schleimt sich mit den Worten, wie sexy sie aussieht, bei ihr ein. Nach dem Film können wir ja noch etwas trinken gehen, sind plötzlich ihre Worte. Ja, die Dame möchte heute Abend ausgeführt werden. Sie hat sich hübsch gemacht und ihr neues Kleid angezogen. Bevor er antworten kann, hebt sie den Rock etwas an und er darf für einen Wimpernschlag ihr sexy Höschen sehen. Das war für ihn das Zeichen. Führe sie durch einen für sie angenehmen Abend und danach geht noch was.

An der Kinokasse eine riesige Schlange von Menschen. In der ganzen Vorfreude hat er vergessen, die Eintrittskarten vorzubestellen. Zusammen stehen sie nun in der Schlange an der Kinokasse. Sie bei ihm im Arm eingehakt und sich die Kinoplakate anschauend. Langsam geht es einen Schritt nach dem anderen vorwärts. Er sieht auf seine Uhr und bemerkt, dass der Film gleich anfängt. Die Vorschau neuer demnächst anlaufender Filme ist schon vorüber. Für Popcorn und Cola wird die Zeit nicht mehr reichen. Das Pärchen vor ihnen macht einen Schritt vorwärts und er setzt ebenso zum Schritt an, um die Lücke zu füllen. Doch er spürt den Widerstand seiner Partnerin an seinem Arm und stoppt seinen Gehversuch. Der Film des größten Frauenschwarms Hollywoods, eine herzzerreißende Liebesschnulze, läuft zeitgleich in diesem Großkino. Sie nickt zum Plakat des Films und spricht das aus, was er plötzlich befürchtet. „Schatzi, lass uns lieber in diesen Film gehen."

Er: „Was? Das ist doch nicht dein ernst!"

Sie von jetzt auf gleich mit einem enttäuschten Schmollmund. Ihr Arm löst sich von seinem und ihr Blick geht ins Leere. Nun sind nur noch 2 Pärchen vor ihnen dran als sie sagt: „In den Actionfilm kannst du auch mit deinen Kumpels gehen." Er ist jetzt in der Zwickmühle. Denn setzt er sich durch, ist der Abend gelaufen. Kein noch etwas trinken gehen und schon gar kein Sex.

Die Frau an der Kinokasse bittet um die Bestellung. Er noch immer nicht sicher, was er machen soll. Ihr Schmollmund und der leere Blick halten noch immer an. Enttäuscht über dich selbst nennt er der Kassenfrau den Namen der Schnulze. Sofort wurde ihr Arm fester an seinem gedrückt. Ihr Kopf lehnte beim Bezahlen an seiner Schulter und der leere Blick war nicht mehr zu erkennen. In der Vorhalle dann die gleiche Schlange wie an der Kasse. Der Kontrolleur ließ sich von jedem Kinogast die Eintrittskarte zeigen und riss ein Stück davon ab. Als er danach schnellen Schrittes in den

Kinosaal wollte, stoppte sie und blieb stehen. „Popcorn und Cola?" Es war mehr ein Kommando als eine Frage. Er zeigt auf die Uhr, die an der gegenüberliegenden Wand hing. Sie: „Das schaffen wir noch".

Jetzt heißt es nur noch Arme nach oben und resignieren. 10 Minuten dauert es, bis das Pärchen mit dem Popcorn und den Getränken im dunklen Auditorium die anderen Kinobesucher störte. Der Streifen lief schon genau diese 10 Minuten. Endlich am Platz angekommen und hinsetzen. Eine halbe Stunde später ließ die Langeweile ihn einschlafen. Als er zu schnarchen anfing, stieß sie ihn wach. Zum Glück ging auch dieser mit Überlänge laufende Film irgendwann einmal zu Ende. Gegenüber des Kinos nahmen die Beiden draußen an dem letzten Tisch in einer Cocktailbar platz.

Als sie dann gemeinsam mit ihren Getränken anstießen, sagte sie, wie toll der Film doch gewesen sei, es nur schade war, den Anfang verpasst zu haben. Ja, er hatte sich nicht verhört. Das hat sie wirklich gesagt. Nachdem er zwei alkoholfreie Bier und sie zwei Sektchen getrunken hatten, gähnte sie und meinte, Sekt macht immer müde. Im Auto auf der Heimfahrt wurde kaum gesprochen und nur der Musik im Autoradio gelauscht. Zu Hause angekommen besetzte sie sofort das Badezimmer und schlich danach ins Bett. Er nach ihr im Bad, dachte noch an die Szene vor der Abfahrt zum Kino, als sie das Kleid kurz abhob und freute sich das Bett jetzt mit ihr teilen zu dürfen. Im

Dunkeln fand er den Weg zu ihr ins Schlafzimmer, nur um sie schnarchend und fest eingeschlafen dort vorzufinden.

In der Vorweihnachtszeit bummeln er und sie durch die Fußgängerzone ihrer Stadt. Bunt leuchten die vielen Weihnachtsbeleuchtungen und geben den Spaziergängern einen Vorgeschmack auf die kommenden Feiertage. Der erste Schnee ist gefallen und bedeckt alles in einer weiß glitzernden Schneedecke. Ein Bild, wie es sich jeder in der Vorweihnachtszeit wünscht. Während er in der Reihe am Glühweinstand steht, schaut sie vor dem in der Nähe befindlichen Juwelier in dessen Schaufenster. Als die Beiden dann mit dem Glühwein in den Händen dort standen, fragte er, was sie denn beim Juwelier im Schaufenster Schönes gesehen hat.

„Nix" war ihre Antwort und da war ganz kurz ihr Schmollmund für ihn zu erkennen gewesen. Bevor er sich in die Schlange der bestellenden Menschen am Glühweinstand einreihte, war die Stimmung romantisch und liebevoll. Doch jetzt störte irgendetwas. Er überlegt die ganze Zeit und fragt sie dann, ob etwas ist.

Sie: „Nix."
Er weiß es besser. Sie hat irgendetwas. Mittlerweile kennt er sie zu gut. Nur was die Stimmung kippen ließ, dass weiß der nicht.
Er wagt einen neuen Anlauf.
„Schatz, habe ich etwas falsch gemacht?"
Sie: „Nee, du machst nie etwas falsch." Ups, der saß.
Da ist es wieder. Sagen Frauen ja, meinen sie nein und umgekehrt. Von vorweihnachtlicher Romantik keine

Spur mehr. Nachdem der Glühwein ausgetrunken war, brachte er die Tassen zurück zum Glühweinstand. Als er sich umdreht, steht sie wieder am Schaufenster des Juweliers. Erst als er neben ihr stand, sah er, was sie da so anstarrte. Aus dem Schaufenster leuchteten ihm Verlobungsringe und Trauringe in Gelbgold, in Weissgold und in Platin entgegen. Er war zwar langsam, aber auch nicht so langsam, um die Situation in zu erkennen. Heiraten war bis jetzt doch nie ein Thema zwischen ihnen. Im Gegenteil, er dachte immer, sie wäre in ihrer Partnerschaft glücklich so wie sie war. Jetzt vor dem Juwelier, so wie er sie dort stehen sah, wusste er plötzlich, dass er bisher falsch dachte. Er nahm sie in den Arm und drückte sie an sich. Er spürte, dass sie seine Umarmung nicht erwiderte, sondern nur erduldete. Ihm wurde klar, dass der nächste Zug von ihm kommen musste. Ohne zu wirklich zu wissen, was er tat, hörte er sich selbst sagen: „ Wollen wir mal reingehen?"

Sofort erhellte sich ihr Gesicht. Sie erwiderte die Umarmung und zog ihn an der Hand haltend durch die Eingangstür. Ihm war auf einmal gar nicht mehr so wohl. Sie dagegen strahlte eine Fröhlichkeit aus ‚wie den ganzen Tag noch nicht. Die Dame hinter dem Tresen blickte über den Rand ihrer Brille und fragte, ob sie helfen könnte. Er spürte von beiden Frauen die Blicke auf ihn richtend. Die Achseln nässten sich und er fand nicht den Anfang. Plötzlich bemerkte er einen leichten Händedruck seiner Liebsten. Stotternd und unverständlich faselte er etwas von Ringe. Erst als er mit dem Finger seiner freien Hand auf die Vitrine mit den Verlobungsringen zeigte, nickte die Verkäuferin und zeigte ihnen an, auf den beiden Stühlen davor Platz zu nehmen. Dann begann das Schauspiel. Die Verkäuferin, natürlich clever und erfahren, fragte sie: „Welcher gefällt Ihnen denn?"

Sie zeigte auf einen Platinring mit dicken Klunker. Jetzt drückte er ihre Hand. Er wollte sie wieder glücklich sehen und nicht sein ganzes Gespartes, dass eigentlich für ein neues Auto da sein sollte, ausgeben. Na ja, die Verkäuferin hatte wohl an seinem Gesichtsausdruck bemerkt, in welcher Preislage er bereit wäre hier Kunde zu werden. Sie zeigte ihr einen Ring, der ihm etwa einen Monatslohn kosten würde. Endlich konnte er wieder atmen. Sie zeigte ihm den Ring an ihrem Finger und lächelte ihn glücklich an. Jetzt sprang er selbst von sich überrascht über seinen Schatten und fragte sie, ob sie seine Ehefrau werden möchte. Jetzt kamen sogar der alten Verkäuferin die Tränen und er wurde von seiner Verlobten über das ganze Gesicht abgeküsst.

In dieser Nacht schmieg sie sich ganz eng an ihm und schlief mit ihrem Kopf auf seiner Brust. Er dagegen machte kein Auge zu und zweifelte die richtige Entscheidung getroffen zu haben. Er hatte sich gerade selbst seiner letzten Freiheit beraubt.

Am nächsten Morgen fotografierte sie ihre linke Hand und schickte das Bild mit dem Ring am Finger ihrer besten Freundin. Es dauerte keine 10 Sekunden und ihr Handy vibrierte. Danach brach ein kreischendes Inferno statt eines normalen Telefongespräches aus.

Freundin: „Wann wollt ihr heiraten?"

Sie: „Weiß nicht. Irgendwann im Sommer."

Freundin: „Wie viele Kinder wollt ihr?"

Sie: „Mindestens eins. Vielleicht auch zwei."

Freundin: „Dann wird die Wohnung ja viel zu klein."

Sie: „Ich schaue schon nach einem Haus."

Freundin: „Hast auch lange genug warten müssen."

Sie: „Ach, ich bin so glücklich."

Freundin: „Wird es eine weiße Hochzeit?"

Sie: „Natürlich, etwas anderes kommt gar nicht infrage."

Er liegt noch im Bett und wundert sich über die Gesprächsbrocken, die er aus dem Wohnzimmer mitbekam. Bis gestern Abend war heiraten noch gar kein Thema für ihn gewesen. Für sie wohl doch schon die ganze Zeit. Kinder? Ach du meine Güte, kreiste es in seinem Kopf. Kinder müssen noch nicht sein. Er bemerkte, wie ihm eine Träne die Wange herunterlief. Die Frage, die sich immer wieder für ihn stellte, war die, habe ich mich da nicht verrannt?

Es ist bei Männern so, dass sie alle in dieser Situation kalte Füße bekommen. Das hat nichts mit der Partnerin zu tun. Sie dagegen sieht sich gerade auf die Zielgerade einbiegen.

Ein paar Tage später in der Kabine nach dem Fußballspiel fragte ihn ein Mannschaftskamerad, ob es stimmte, was er von seiner Freundin gehört hatte? Plötzlich schauten alle anderen Anwesenden zu ihm. Was gibt es denn Neues, fragte der Mannschaftskapitän in die Runde. Der andere Mitspieler, der das Gespräch eröffnete, antwortete für ihn, dass der Kumpel im Sommer heiraten wird. Die Hälfte der Mannschaftskollegen lachten und jubelten ihm zu. Die andere Hälfte gratulierte ihn satirisch. Es fielen Sprüche wie: Jetzt ist es aus mit der Freiheit. Hat sie dich endlich herumgekriegt? Dann wirst du bald einen Kindergartenplatz suchen müssen. Viel Spaß sonntags bei der Schwiegermutter. Warum hast du das getan? Dann hol schon mal zwei Kisten Bier und wir stoßen auf die Neuigkeit an. Ein Bier war auch genau das, was er jetzt brauchte. Man ey, er wollte doch nur eine glückliche Partnerin um sich haben. Das Heiraten hat doch eigentlich noch Zeit.

Wie kann er es seiner Verlobten jetzt nur schonend beibringen, dass es auf gar keinen Fall diesen Sommer eine Hochzeit geben wird?

„Wir müssen doch nichts überstürzen, mein Schatz." Das waren seine Worte nach tagelangen Überlegungen, in denen sie nur noch das Thema Hochzeit im Kopf hatte. Nur ihre Schwiegermutter hatte leichte Bedenken geäußert. Genau diese Worte wollte sie nicht hören. Immerhin wussten doch jetzt alle ihre

Bekannten und die Familie Bescheid. Wie steht sie denn nun da? Der Schmollmund war wieder deutlich für ihn zu erkennen gewesen und ohne etwas Weiteres zu sagen, stand sie auf und ging ins Badezimmer. Danach würdigte sie ihm kein Blick und auch kein Wort. Sie zog sich an und er hörte nur noch, wie die Wohnungstür ins Schloss fiel. Der Himmel schien ihm in diesem Augenblick auf den Kopf zu fallen. Die ganze Aktion wurde eine schwere Last auf seinen Schultern. Natürlich liebte er seine Freundin. Auch heiraten möchte er sie. Aber sie müssen doch nichts überstürzen. Gut Ding braucht Weile. Er schnappte sich eine halbe Stunde nachdem sie die Wohnung verlassen hatte, sein Handy und rief sie an. Doch egal wie oft er es versuchte, sie ging nicht ran.

Schwiegermutter: „Ich wusste immer, dass er nicht der Richtige für dich ist."
Sie weint weiter.
Schwiegermutter: „Sei froh, dass es jetzt passiert ist und nicht wenn Kinder im Spiel sind."
Sie weint noch mehr.
Schwiegermutter: „Ich würde nie mehr heiraten. Genieße lieber deine Freiheit und setze keine Kinder in die Welt."
Mit einem Taschentuch wischte sie sich die Tränen aus dem Gesicht und wollte etwas sagen. Doch als sie ansetzte, kamen erneut die Tränen.
Während dessen läutete ihr Handy ununterbrochen. Ihr

Blick auf das Display verriet ihr, dass er seit geraumer Zeit versucht sie ans Telefon zu bekommen.

Am Abend schlich sie leise in die Wohnung zurück. Er dagegen hatte genau die Zeit gebraucht, um sich im Klaren zu werden, was er denn jetzt genau wollte.

Er: „Schatz, du bist nicht ans Handy gegangen."

Sie: „Nenn mich nicht Schatz."

Er: „Ich sage doch immer Schatz!"

Sie: „Aber das bin ich nicht."

Pause!

Er: „Wir müssen reden."

Sie: „Worüber sollten wir noch reden?"

Er: „Du weißt ganz genau worüber."

Sie: „Woher soll ich wissen was du denkst?"

Er: „Ich habe es doch gar nicht so gemeint."

Sie: „Ach, lass mich einfach zufrieden."

Er: „Ich will dich doch heiraten".

Sie: „Brauchst du nicht mehr."

Er: „Was ist denn jetzt wieder los? Ich habe doch gesagt, dass ich dich heiraten möchte."

Sie: „Ich weiß nicht, ob ich das noch will."

Er geht auf sie zu, umarmt sie und bedeckt ihr Gesicht mit Küssen.

Sie: „Hör auf, ich will das nicht".

Er macht trotzdem weiter und spürt, wie ihr Körper und ihr Geist nachgeben.

Er: „Lass uns doch einfach nächstes Jahr im Sommer

heiraten. Dann haben wir viel mehr Vorbereitungszeit und können die Hochzeitsreise in die Karibik in aller Ruhe planen."

Sie sagt nichts. Aber jetzt küsst sie seinen Hals ein wenig. Seine Hände streicheln ihren Rücken und auch er fühlt sie ihn streicheln. Es folgt von ihm ausgehend ein Zungenkuss, den sie erwidert. Danach finden seine Hände den Weg unter ihrem Oberteil. Ihre Brüste fühlten sich so gut an. Die Brustwarzen wurden größer und härter. Ein paar Minuten später verwöhnt er sie im Schlafzimmer. Sie hatte einen super schönen Orgasmus und schlief kurz danach eng an ihm geschmiegt, mit dem Kopf auf seiner Brust glücklich ein.

Was sagen uns die letzten geschriebenen Zeilen über Mann und Frau? Genau das, dass die Frau sich wieder durchgesetzt hat. Wie bei der Fliege, schnappte die Venusfalle zu. Aber so ist es nun mal. Das starke Geschlecht, der Mann (oder doch nicht) macht im Endeffekt was sie sagt. Wir Männer können von Natur aus gar nichts dafür. Wir sind nun mal so geboren. Aber auch die Frauen können nicht gegen ihre Natur und sind eben so, wie gerade beschrieben.

Jetzt kommt es aber. Genau deshalb funktioniert das Zusammenspiel zwischen den beiden Geschlechtern, trotz unterschiedlicher Denkweisen so gut. Aber liebe Damen, denkt immer daran, gegen die Waffen einer Frau kommt kein Mann wirklich an.

Unsere Geschichte ist natürlich nicht zu Ende und geht hier weiter.

Es vergingen einige Wochen der Ruhe und Harmonie. Das Pärchen ist sich einig geworden und fiebert der Hochzeit im nächsten Jahr entgegen. Oder doch nicht ganz so einig?

An einem Samstag, er drückt seiner Mannschaft bei der Liveübertragung die Daumen, als sie plötzlich vor ihm stand und ihr Notebook vor ihm auf dem Tisch stellte. Mit der eigentlich erübrigten Frage: „Hast du mal eben Zeit", begann ein neues Kapitel.

Natürlich hatte er keine Zeit und auch keine Lust, denn sein Lieblingsverein spielte gerade um Bundesligapunkte. Aber so ist es mal nun. Frauen verstehen das nicht. Also ein zweiter Versuch. „Guck doch mal kurz hier." Er fühlt sich gestört. „Kann das nicht warten?"

Sie: „Ist wirklich wichtig."

Er: „Gleich ist Halbzeit."

Sie: „Nur mal kurz".

Jetzt dreht er sich vom Bildschirm weg und schaut sie an.

Er: „Was ist denn?"

Sie: „Guck mal hier".

Auf dem Bildschirm ist ein Haus ganz aus ihrer Nähe zu sehen. Ein Immobilienmakler bietet dies für seine Kunden hier zum Verkauf an.

Er: „Und?"

Sie: „Wäre das nichts für uns?"

Er schaute schnell über die Seite und sah den Preis.

Er: „Wer soll das denn bezahlen?"

Sie: „Wir gehen doch beide arbeiten. Der bei der Bank hat gesagt, ein Kredit wäre für uns beide kein Problem."

Hat er richtig gehört? Der bei der Bank? Was geht denn jetzt hier ab?

Genau jetzt passiert das, was nicht geschehen sollte. Auf alle Fälle nicht in dieser Situation. Er, völlig abgelenkt hört plötzlich den Sportmoderator schreien. Ein Tor ist gefallen und zwar nicht für sein Lieblingsteam, sondern für den Gegner. Die Laune liegt bei null am Boden und sie nervt weiter.

Sie: „Was hältst du davon?"

Er: „Gar nichts."

Drei Minuten Stille und der Schiedsrichter pfeift zur Halbzeit. Sie wieder ihren Schmollmund ziehend, tut so als wenn sie am Laptop beschädigt wäre. Eine Träne kullert die Wange herunter. Er schaute sie an und bekam das mit. Jetzt klopfte sein Gewissen bei ihm an.

Er: „Zeig noch mal her."

Sie: „Wieso?"

Er: „Jetzt ist Halbzeit".

Er schaut sich die Annonce in aller Ruhe an und nennt ihr zig Gründe, die einen Kauf für diesen Preis nicht rechtfertigen würden. Für ihn sollte das Thema damit erst einmal erledigt sein, denn die zweite Halbzeit begann gerade. Doch jetzt unterschätze er seine Liebste und spielte ihr ungewollt in die Karten, indem er sagte: „Lass uns mal nach etwas Anderem gucken."

Sie zufrieden mit seiner Antwort sagte: „Guck mal. Wie wäre denn dieses Haus?" Und hielt ihm eine andere zu kaufende Immobilie vor die Nase.

Der Samstagnachmittag war genauso gelaufen wie das verlorene Fußballspiel. Abgelenkt und genötigt gefühlt verbrachte er mit ihr die Zeit im Internet und zusammen suchten sie nach einer passenden Immobilie für sich.

Ja, Frauen haben ein Instinkt dafür immer den unpassenden Moment zu finden. Ein anderes Beispiel als beim Fußball zu stören. Der Mann ist an einer kniffligen Aufgabe. Egal, was das jetzt ist. Es kann zu Hause bei einer handwerklichen Reparatur oder auch nur ein Kreuzworträtsel sein. Auf alle Fälle hat es nicht sofort geklappt. Er hat schon mehrere Anläufe gebraucht, ist aber noch nicht fertig. Na ja, dann wird auch mal geflucht. Sie bietet ihre Hilfe an. Er sagt dankend ab. Er möchte nicht gestört werden und sagt ihr das. Ach ja, selber schuld. Frauen hören das nicht im Satz nicht. Zum Beispiel im Auto. Fahr geradeaus und nicht an der Tankstelle links. Die Frau erinnert sich nur noch an Tankstelle links und verfährt sich total. So auch jetzt bei ihm. Bitte nicht stören heißt für sie ihn mit Kommentaren zu stören. Wenn er dann völlig genervt seine Aufgabe wieder nicht schafft und ihr am liebsten das Werkzeug oder den Kugelschreiber vor die Füße werfen möchte, gibt sie noch den Kommentar ab, er soll es doch einfach lassen und jemand anderen beauftragen. Frauen verstehen es einfach nicht, dass der eigene Erfolg bei einer schwierigen Situation für den Mann die Goldmedaille seiner Olympischen Spiele ist.

Er kann hinterher gut schlafen und ist stolz auf sich selbst. Den Spruch: Selbst ist der Mann heißt ja auch nicht, selbst ist die Frau. Frauen fehlt der Ehrgeiz. Wenn irgendetwas nicht klappt, soll es eben jemand anderes machen. Hauptsache fertig. Ihnen fehlt ja auch das räumliche Denken.

Sie: „Schatz! Wie viel sind 50 cm?"

Er: „Ein halber Meter."

Pause!

Kurz danach sie: „Und wie viel ist ein halber Meter?"
Er hätte ja auch antworten können, dass drei deutsche
Durchschnittspenisse hintereinander einen halben
Meter ergeben. Aber das hätte wieder Ärger bedeutet.

Ja, das ist aber auch komisch mit den Frauen. Zum
Totlachen. Aber wenn die Männer denken, sie wären da
dem weiblichen Geschlecht im Vorteil irren sie sich
gewaltig. Hier ein Beispiel.

Er: „Schatz, wo ist der Joghurt?"

Sie: „Da, wo der Joghurt immer steht.

Er: „Und wo soll das sein?"

Sie: „Im Kühlschrank."

Er: „Da ist kein Joghurt."

Sie auswendig: „Untere Fach, hinten links." Im
Kühlschrank wissen Frauen, wo rechts und links ist.

Er: „Ich sehe keinen Joghurt."

Sie: „Guck mal richtig."

Er: „Habe ich, hier ist kein Joghurt."

Sie die Faxen dicke. Kommt zum Kühlschrank, greift
ohne zu gucken rein und reicht ihm seinen Joghurt.

Er: „Wo war der denn?"

Jetzt können die Frauen lachen.

Wieder zu unserem Pärchen.

Er fühlt, dass die Leine ‚an der er jetzt hängt, immer kürzer wird. Irgendwie übernimmt sie immer mehr das Kommando. Erst das Theater mit der Hochzeit. Dann die Sache mit dem Haus. Zumindest kocht sie noch und macht die Wäsche trotz ihres Berufslebens.

Kurz vor der Hochzeit, ein passendes Haus ist noch nicht gefunden worden, fragt sie ihn: „Schatz?"

Er: „Ja?"

Sie: „Wir wollen doch Geld sparen und unnötige Ausgaben vermeiden oder?"

Sofort springt bei ihm die Alarmanlage an. Jetzt bloß nichts Falsches machen.

Er vorsichtig: „Ja."

Sie: „Meine beste Freundin hat mir den Ratschlag gegeben."

Er: „Ist das die, die ich nicht leiden kann?"

Sie: „Hör damit einfach auf. Die mag dich ja auch nicht."

Er: „Und was für einen Ratschlag hat sie dir gegeben?"

Sie: „Wenn wir verheiratet sind, brauchen wir doch nur noch ein Konto und sparen so für das andere Konto die Gebühren."

Er konnte es kaum glauben. Jetzt war er neben seiner Freiheit demnächst auch noch sein Geld los. Wütend über die Freundin sagt er: „War die nicht schon zweimal verheiratet und ist wieder Single?"

Sie: „Was hat das denn mit uns zu tun?"

Er: „Genau. Die dumme Gans soll die Klappe halten und sich um ihre eigenen Sachen kümmern."

Rums, der hat gesessen. Und da ist er wieder, der Schmollmund.

Ein paar Wochen vor dem Hochzeitstermin sagt sie zu ihm:
„Schatz?"
Er: „Ja?"
Sie: „Welchen Anzug möchtest du bei der Hochzeit tragen?"
Er: „Wieso? Ich habe mir doch den schwarzen Anzug von dem komischen italienischen Modedesigner gekauft."
Sie: „Ja, hast du. Aber der ist für die standesamtliche Hochzeit."
Er: „Ich dachte, der reicht für beide Tage."
Sie: „Nee, das geht gar nicht. Wie sieht das denn aus? Außerdem, was sollen die Gäste denken?"

Stille.

Sie kurze Zeit später: „Ich habe dir da zwei Anzüge im Herrenmodeladen in der Stadt zum Anprobieren zurücklegen lassen. Wir können morgen dort kurz hinfahren."
Ja so sind Frauen. Die 12 Euro Kontoführungsgebühren sparen wollen. Aber für einen zweiten Anzug unnötig 1000 Euro in den Wind schießen. Ganz zu Schweigen von dem weißen Hochzeitskleid für die kirchliche Trauung. Nur gut. Es

soll ja der schönste Tag in ihrem Leben werden. Aber
so viel Geld für ein Kleid auszugeben, dass „Frau" nur
einmal im Leben trägt ist schon Wahnsinn. Den Anzug
kann man ja wenigstens öfters anziehen.
Am nächsten Tag steht er in der Umkleidekabine vor
dem Spiegel und sie zupft ihm das Sakko noch zurecht.
So richtig saß der Anzug nicht. Also ausziehen und den
Anderen anprobieren. Da auch dieser ihrer Meinung
nicht saß, rief sie den Boutiquebesitzer zu sich. Der Typ
kam auch sofort angeflogen und fragte, wie er helfen
könnte. Zusammen mit ihr begutachtete er ihn in dem
Anzug. Dann legte er selbst Hand an. Ihm war es ein
wenig unangenehm von dem Besitzer der Boutique
angefasst zu werden, denn der Mann stand auf Herren.
Aber er war vom Fach. Mit flinken Fingern steckte er
mit Stecknadeln den Anzug ab und meinte, jetzt würde
er besser sitzen. Auch sie war der Meinung. Der Mann
versprach das Teil heute noch anzupassen und dass
sie morgen den Anzug abholen könnten. Leider müsste
er aber vorher abrechnen, denn der Anzug war ja dann
individuell angepasst und für den Verkauf nicht mehr
geeignet. Ganz großzügig machte er dem Pärchen
noch die Offerte, dass die Änderung nichts kosten
würde und zum Service gehörte.
Sie lächelte glücklich, kramte ihr Portemonnaie aus der
Tasche, zog ihre neue Kreditkarte heraus und bezahlte
seinen zweiten Hochzeitsanzug. Mit dem Betrag von
1099 Euro wurde das gemeinsame Konto belastet.
In der ganzen Zeit stand er nur als Statist dabei und

hatte nichts zu sagen. Das Reden übernahm sie dann wieder, indem sie ihm überzeugend sagte, dass sie beide noch eben schnell in den Schuhladen müssten, um für den neuen Anzug die passenden Schuhe zu kaufen.

Ist es nicht schön, bald verheiratet zu sein?

Mit jedem Tag, der die Hochzeit näher kam, wurde sie nervöser. Sind alle Einladungskarten rausgegangen? Hoffentlich regnet es nicht. Ich muss noch zwei Kilogramm abnehmen, sonst passt das Hochzeitskleid nicht. Ist die Location ausreichend groß? Spielt der beauftragte DJ auch Musik zum Feiern und tanzen. Haben die Brautjungfern alle Kleider in der gleichen Farbe? Wird genügend zu Essen da sein? Und, und, und…

Er denkt nur: „Sie sollte sich eher fragen, ob er noch Ja sagt."

Es blieb aber nur ganz kurz bei diesem Gedanken.

Mit dem eigenen Vater im Arm betrat sie dann vor den Augen aller Anwesenden langsamen Schrittes den Kirchengang. Das war ihr Moment. Alle Gäste drehten sich zu ihr um und sahen, wie sie von ihrem Papa zum Traualtar begleitet wurde. Na ja, schiefgehen konnte ja nichts mehr, denn gestern wurde die Heirat schon im Standesamt besiegelt.

Er stand dort mit seinem Trauzeugen und bekam den Mund nicht mehr zu als er sah, wie die hübscheste

Frau der Welt auf ihn zukam. Er war stolz sie so hübsch zu sehen und noch stolzer sie heiraten zu dürfen. Sie sah aus wie eine Prinzessin in einem Märchen. Man ey, er wusste ja immer, dass seine Freundin gutaussehend war. Doch was jetzt neben ihm während der Trauzeremonie stand, musste ein von Gott auf Erden herabgesandter Engel gewesen sein. In dem Augenblick, als er ihr den Ring ansteckte, rollten nicht nur bei den Frauen unter den Kirchenbesuchern die Tränen die Wangen herunter, auch bei dem doch sonst so emotionslosen Bräutigam fand eine Träne des Glückes nach der Anderen den Weg zum Kirchenboden. Die Glocken läuteten und jeder der sie hörte, wusste, dass es wieder eine Hochzeit gab. Den Brautstrauß fing dann auch noch bei strahlendem Sonnenschein ihre beste schon zweimal verheiratete Freundin.

„Mensch Alter, dass du dich auch einfangen lassen hast, hätte ich von dir nicht gedacht." Rief der Mannschaftskapitän laut und deutlich für alle anderen hörbar durch die Kabine. Stand auf und klopfte dem Frischvermählten freundschaftlich auf die Schulter. Die meisten seiner Mitspieler waren ja zu seiner Vermählung der Einladung nachgekommen. Doch einige wenige, wie der Spielführer, waren verhindert. So tranken alle noch einmal nach dem Training ein von dem neuen Eheringträger gesponsertes Bier.

Bei ihr wollten die Freundinnen alles ganz genau und exakt wissen. Alle Frauen wünschen sich eine romantische, märchenhafte Hochzeit und die endet dann ja so, dass sich das Brautpaar für die Hochzeitsnacht von ihrer Feier verabschiedet und sich zurückzieht.

Bei dem Thema angelangt, wurde sie ein wenig verlegen und ihr Gesichtsteint wechselte in eine leicht rötliche Farbe. Sollte sie wirklich den vier vor ihr sitzenden neugierigen Freundinnen davon erzählen? Doch die Damen gaben nicht auf und eine nach der anderen bohrte nach und zwar so lange, bis die Braut nachgab. Ja, er trug sie obligatorisch über die Schwelle. Ja, er bedeckte sie beim Entkleiden mit Küssen. Ja, sie haben miteinander geschlafen. Ob sie gekommen ist? Das geht jetzt zu weit. Sie antwortete nicht. Doch für die Freundinnen war die Frage und vor allem die Antwort sehr relevant, um zu wissen, ob die Hochzeit auch einen perfekten Abschluss hatte. Also gab sie klein bei und antwortete mit einem leisen: „Ja und was für einen."

Eine der Damen seufze und gab ihr den Kommentar, was für ein Glück sie doch hätte. Sie selbst kann sich gar nicht mehr daran erinnern, wann sie mit ihrem Mann einen Orgasmus hatte. Jetzt guckten die Frauen alle mit offenem Mund die Freundin an. „Wie und er weiß es nicht," wurde gefragt. „Natürlich nicht," kam die Antwort. „Oh du Ärmste, ohne zu kommen ist der Sex doch nichts wert."

„Ich komme ja, nur nicht bei ihm."

„Ach so, du machst es dir selber?"

„Nur ab und zu mal. Ich habe vor einiger Zeit jemanden kennengelernt und mit ihm klappt es auch wieder mit dem Orgasmus."

Jetzt war es an der Freundin, die auf sie stürzenden Fragen zu beantworten. Ob sie sich trennen möchte? Nein, warum? Hat sie keine Gewissensbisse? Wieso sollte ich? Liegt ja an ihm. Ob sie nicht an ihre Kinder denkt? Nicht beim Orgasmus. So ging das Frage- und Antwortspiel dann eine ganze Zeit weiter. Bis eine der anderen Freundinnen in die Runde warf, dass auch sie schon mal jemand anderes gehabt hatte. Aber nur kurz, denn er wollte sie nur fürs Bett und dazu hatte sie keine Lust. „Warum hast du dich denn darauf überhaupt eingelassen," wollte die frisch gebackene Braut wissen. „Es ist nun mal passiert," konterte die Freundin.

„Das passiert mir nie," erwiderte die Braut.

Doch wir wissen alle, niemand kann wirklich in die Zukunft blicken.

Sie kam an einem Wochentag von der Arbeit etwas später als gewöhnlich nach Hause. Er sitzt vor dem Fernseher und schläft.

Sie: „Schatz, bist du wach?"

Er schläft weiter.

Sie noch einmal etwas lauter: „Schatz, bist du wach?"

Er: „Jetzt ja."

Sie: „Wie lange fährt man bis nach Frankfurt?"

Er: „Wieso?"

Sie: „Ich muss morgen von der Arbeit aus zu unserem Außenstandort nach Frankfurt."

Er: „Kommt auf den Verkehr an. Über Köln, die A3 würde ich nicht fahren. Lieber die A2 Richtung Hannover und in Dortmund die Sauerlandlinie A45. Müsstest du locker in 3 Stunden schaffen. Hast ja Navi."

Am anderen Morgen gab sie wie besprochen die Bahnhofstraße in Frankfurt über Hannover in ihr Navi ein und fuhr los. Jetzt achten Frauen nicht auf Schilder, die den Weg zeigen. Das Navi sprach zu ihr, sie sollte weiterhin auf der A2 bleiben. Hannover nach knappe 2 Stunden erreicht. Sie denkt noch: Das ging ja flott. Nur noch eine Stunde. Doch der Weg wurde länger und länger. Nach weiteren 2 Stunden hielt sie an einem Rastplatz kurz vor Berlin an und wählte seine Nummer.

Er: „Ja."

Sie: „ Schatz, ich komme deinetwegen zu spät."

Er: „Warum meinetwegen?"

Sie: „Ich fahre schon 4 Stunden und bin immer noch

nicht da."

Er: „Wo bist du denn?"

Sie: „Kurz vor Berlin."

Er: „Was machst du in Berlin? Du wolltest nach Frankfurt."

Sie: „Ja, das stimmt. Will ich auch noch immer. Nur du hast gesagt, ich würde es locker in 3 Stunden schaffen."

Er: „Was hast du in das Navi eingegeben?"

Sie: „Frankfurt über Hannover, wie du gesagt hast."

Er: „Du musstest doch in Dortmund auf die A45."

Sie: „Hat das Navi nicht gesagt."

Er: „Du bist auf dem Weg nach Frankfurt an der Oder. Du musst Frankfurt am Main eingeben."

Sie: „Woher soll ich das denn wissen. Hättest ja auch sagen können."

Sie: „Schatz, kannst du mal nach dem Fernseher gucken?"

Er: „Warum? Was soll damit sein?"

Sie: „Der funktioniert nicht."

Er: „Wieso soll der Fernseher nicht mehr funktionieren? Als ich gestern Abend vor dir ins Bett gegangen bin, lief noch alles."

Sie: „Ja, kann sein, aber jetzt nicht mehr."

Er schnappt sich die Fernbedienung und drückt den Knopf zum Einschalten des Gerätes. Hm, das Ding bootet hoch. Das macht er sonst nicht so. Plötzlich erscheinen kryptische Schriftzeichen auf dem Bildschirm.

Er verwundert: „Hast du irgendetwas gemacht?"

Sie: „Nee."

Er: „Musst du aber. Der verstellt sich doch nicht von alleine."

Sie: „Ich habe nichts gemacht."

Jetzt wissen wir ja alle, dass das Wort „Nichts" bei Frauen nicht hängen bleibt.

Das Problem war nun dies. Wie soll er durch das Menü zur deutschen oder wenigstens zur englischen Beschreibung kommen? Die kryptische Schrift ist nicht zu entziffern.

Er: „Schatz, welche Knöpfe an der Fernbedienung hast du gedrückt?"

Sie: „Ich habe keine Knöpfe gedrückt."

Warum kann sie nicht einfach zugeben, was sie gemacht hat, waren seine Gedanken, während er versuchte irgendwie auf die Spracheinstellung des Fernsehers zu gelangen. Die Minuten verstrichen und es wurde schon eine volle Stunde. Von Fortschritt war nichts zu sehen. So langsam bekam er das ungute Gefühl nie ans Ziel zu kommen. Verzweifelt versuchte er es noch einmal von vorne. Stromlos schalten und auf die erste Seite warten. Jetzt die Seite im Internet auf dem Laptop in einer Suchmaschine mit dem des Fernsehers vergleichen. Ah ja, das ist sie ja. Er drückt wie im Video erwähnt an der Fernbedienung die vorgezeigte Tastenkombination ohne zu wissen, was er eigentlich tat. Plötzlich änderte sich etwas. Der Bildschirm wechselte ins Englische. Ok, jetzt ist schon einmal Licht am Ende des Tunnels zu sehen. Der Schriftzug „Language" brachte ihm dann den zwei Stunden lang gesuchten Erfolg.

Er: „Läuft wieder. Drück aber nirgendwo mehr auf irgendwelche Knöpfe rum."

Sie: „Oh gut. Nee, habe ich auch nicht. Ich muss gestern wohl auf der Fernbedienung eingeschlafen sein."

So viel zu, ich habe nichts gemacht.

Frauen haben ein Talent und vor allem ein Gespür dafür, genau den falschen Zeitpunkt zum Stören zu finden. So ist er gerade an einer sehr kniffligen Arbeit, die ihn wirklich alles abverlangt und kurz vor der Verzweiflung bringt. Er will die neue Heizung über W-LAN mit dem Internet verbinden. Doch irgendwie klappt es nicht. Da er schon 2 Stunden versucht das Problem in den Griff zu bekommen, sind seine Nerven auch schon zum Zerreißen gespannt. Da er aber nicht aufgeben will, aufgeben heißt für ihn versagt zu haben, beißt er sich daran fest.

Sie: „Schatz?"

Er hört sie zwar, will aber ungestört weiter seiner Arbeit hier nachgehen und antwortet nicht.

Sie: „Schatz?"

Nichts.

Sie: „Schatz, hörst du mich?

Er: „Ja. Habe zu tun."

Sie: „Kannst du mal kommen?"

Er fragt sich: Hat sie das wirklich gerufen? Sie weiß doch, dass ich hier zu tun habe.

Sie ruft: „Mach doch einfach mal eine Pause und komm runter."

Er: „Nee, kann jetzt nicht."

Er hört sie mit sich selbst reden.

Kurz danach vernimmt er Schritte, die in seiner Richtung lauter wurden. Keine 10 Sekunden später steht sie hinter ihm und schaut über seine Schulter, was er da macht.

Sie: „Klappt es nicht?"

Das war genau der Kommentar, den er jetzt gebrauchen konnte. Er macht trotzdem weiter.

Sie: „Schatz, redest du nicht mehr mit mir?"

Er: „Doch, aber im Moment brauche ich meine Ruhe."

Sie: „Was geht denn nicht?"

Er: „Weiß ich nicht:"

Sie: „Soll ich mal gucken?"

Genau, sie guckt mal. Hat überhaupt keine Ahnung, will aber gucken.

Er: „Du kannst da auch nicht helfen."

Sie: „Weißt du doch gar nicht."

Er: „Schatz, bitte lass mich einfach alleine machen. Wenn ich Hilfe brauche, rufe ich dich."

Sie: „Warum bist du so gereizt? Ich habe dir doch gar nichts getan."

Er: „Ich bin nicht gereizt. Ich will endlich fertig werden."

Sie: „Aber wenn du das nicht kannst, hol doch jemanden, der Ahnung hat."

Das Sicherheitsventil ist kurz vorm ablasen und sie merkt das noch nicht einmal.

Er: „Bitte lass mich jetzt einfach in Ruhe."

Sie: „Und du, lass deine schlechte Laune nicht an mir aus."

Er: „Mach ich doch gar nicht. Ich habe keine schlechte Laune. Ich will nur fertig werden und dazu muss ich Ruhe haben und zufriedengelassen werden."

Sie: „Lass du mich doch einfach zufrieden."

Er: „OK."

Sie sah in mit ihrem Schmollmund an, drehte sich um und verschwand.

Kurz danach war er fertig. Er hatte den Fehler gefunden und beseitigt. Alles funktionierte und er ging zufrieden nach unten.

Er: „Schatz, ich bin fertig. Funktioniert."

Sie: „Du brauchst heute nicht mehr mit mir reden. Lass mich einfach zufrieden."

OK. Nach der Hochzeit und den Flitterwochen kehrt irgendwann der Alltag wieder ein. Alles findet seinen gewohnten Gang. Er geht arbeiten und trifft sich zum Fußball mit seinen Kumpels. Sie arbeitet auch und kümmert sich um den Haushalt. Quasselt am Handy mit ihren Freundinnen und besucht ab und zu am Abend das Fitnessstudio. So weit, so gut. Bis zu dem Zeitpunkt als folgendes Gespräch zwischen ihnen stattfand.

Sie: „Schatz?"

Er: „Ja."

Sie: „Weißt du schon das Neueste?"

Er: „Nee, was soll denn das Neuste sein?"

Sie: „Du kennst doch meine Freundin. Die, die bei unserer Hochzeit auf dem Foto ganz außen steht."

Er: „Nee, kenn ich nicht. Was ist mit der?"

Sie: „Sie wird heiraten und wir sind eingeladen."

Er: „Ist sie nicht Single?"

Sie: „Nein, nicht mehr. Sie hat doch den einen Mitspieler von dir auf unserer Hochzeit kennengelernt."

Er: „Ja? Habe ich gar nicht gewusst. Das ist doch erst ein halbes Jahr her und dann wollen die schon heiraten?"

Sie: „Ja, die müssen."

Er: „Was heißt, die müssen? Niemand muss heiraten. Das ist von beiden Seiten eine freiwillige Entscheidung. Auf alle Fälle in unseren Kulturkreisen."

Sie: „Die müssen trotzdem heiraten. Sie ist nämlich schwanger."

Er sagt nichts und schweigt.

Sie: „Schatz, du sagst ja gar nichts! Ist das nicht süß? Schon im 5. Monat."

Er: „Hat ja dann sofort beim ersten Mal geklappt. Armer Kerl."

Sie: „Wieso, armer Kerl? Das ist doch schön."

Er: „Was soll denn daran schön sein? Die kennen sich ja noch gar nicht richtig. Ich bleibe dabei, armer Kerl."

Es tritt eine kurze Pause ein, in der er eine Flasche Bier öffnet und gerade ein Schluck trinken wollte, als sie noch den Satz hinten dran hing.

„Ich möchte auch ein Kind".

Er verschluckte sich sofort an seinem Bier, hustete und spukte den Inhalt über die Balkonbrüstung drei Etagen tiefer in des Nachbarn Garten.

Er: „Was?"

Sie: „Ein Kind setzt unserer Ehe die Krone auf."

Er: „Du scherzt doch oder? Nimmst du mich jetzt heimlich mit deinem Handy auf?"

Pause, Stille und Schmollmund

Sie: „Warum tust du das? Liebst du mich überhaupt? Ich glaube nicht."

Er: „Was hat denn ein Kind damit zu tun, ob ich dich liebe?"

Jetzt tritt der Moment ein, indem sie ihm sein schlechtes Gewissen vor ihm hält. Sie weint einfach. Ihm blieb nichts anderes übrig, als sie tröstend in den

Arm zu nehmen. Dabei sagt er nun die Worte, die sie hören, er aber eigentlich nicht sagen wollte.

Er: „Natürlich möchte ich auch mal Kinder oder zumindest eins. Aber das hat doch noch Zeit."

Den letzten Satz bekam sie dann nicht mehr mit.

Der erste Hochzeitstag stand an.

Er hatte am Abend davor noch einen Blumenstrauß gekauft und stellte diesen auf den von ihm gedeckten Frühstückstisch. Die Kaffeemaschine machte das typische Geräusch und der Duft von frischem Kaffee verbreitete sich in der ganzen Wohnung. So langsam fand dieser den Weg zu ihrer Nase. Ihr Gehirn nahm den wohlschmeckenden Geruch auf und ließ sie die Augen öffnen. Ihr erster Gedanke war, dass das Leben doch herrlich sein kann.

Ok, kann, muss es aber nicht. Lobe den Tag nie vor den Abend.

Sie streckte sich und stieß mit den Füßen ihre Decke zur Seite. Genau in diesem Moment kam er durch die Schlafzimmertür. Sie streckte sich noch einmal, nur bedeckte dieses Mal die Decke ihren nackten Körper nicht mehr und er sah seine wunderschöne Frau dort liegen, wie Gott sie schuf. Erst der heiße Kaffee, der über den Rand der wackligen Tasse überschwappte und ihn den Finger verbrühte, holte ihn in die Wirklichkeit zurück. Mit einem Lächeln lud sie ihn zu sich ins Bett ein.

Was jetzt geschah, überlasse ich der Fantasie des

Lesers oder der Leserin.

Auf alle Fälle saßen die beiden Turteltauben dann irgendwann beim verspäteten Frühstück.

Sie: „Das war gerade richtig schön mein Schatz. Können wir ruhig öfter machen."

Er: „Fand ich auch." Beugte sich über den Tisch und küsste seine Frau.

Sie: „Ich liebe dich."

Er: „Ich liebe dich auch."

Sie: „Ich bin schwanger."

Er wollte sprechen, doch der Kloß im Hals verhinderte jeden Laut.

Mit einem erzeugten Husten versuchte er die Blockade verschwinden zu lassen, doch er benötigte mehrere Anläufe. Jetzt sah er sie an und fragte: „Wie das? Du nimmst doch die Pille."

Sie: „Du hast gesagt, du wolltest ein Kind."

Er: „Das habe ich nicht gesagt."

Sie: „Hast du doch." Dazu der Schmollmund.

Er: „Ich habe gesagt, dass ich es auch möchte, aber noch Zeit braucht."

Sie: „Und nun?"

Er unschlüssig, sagt aber: „Lass uns jetzt gemeinsam über das Baby freuen."

Ein paar Tage danach.

Er: „Schatz"

Sie: „Ja?"

Er: „Erinnerst du dich noch an das Haus, das zum

Verkauf anstand?"

Sie: „Ja. Aber du wolltest es ja nicht. Es ist dann verkauft worden."

Er: „Ich weiß. Ich habe gesagt, es ist zu teuer. Die neuen Besitzer lassen sich scheiden und müssen das Haus wieder verkaufen."

Sie: „Und nun ist es billiger?"

Er: „Nee, nicht direkt. Aber es ist komplett renoviert worden und nun könnte der Preis in Ordnung sein."

Sie: „Die armen Kinder."

Er: „Nicht unser Problem. Wir sollten es uns noch mal angucken, bevor es uns jemand vor der Nase wegschnappt."

Sie: „Trotzdem, die armen Kinder."

In den nächsten Wochen wuchs ganz allmählich der Bauch von ihr an. Noch wussten die beiden nicht, was das Geschlecht des Babys betrifft. Also mussten sie das Streichen des Kinderzimmers in ihrem neuen Haus verschieben. Blau oder rosé, für ihn sowieso alles Quatsch. Wäre es nach ihm gegangen, wäre der Raum weiß gestrichen worden.

Aber wie von Anfang an bemerkt, geht es nicht um ihn. Dann kam die Zeit, in der der Bauch zu platzen schien. Es war schon erstaunlich, wie weit sich die Haut dehnen ließ. Sie betrachtete sich im Spiegel und fing an zu weinen.

Er: „Schatz, warum weinst du?"

Sie: „Guck dir diesen Bauch nur an. Ich werde nie wieder schlank sein und mein Leben lang Schwangerschaftsstreifen haben."

Er schaute zu ihr herüber und sah zuerst den jetzt riesig gewordenen Busen von ihr.

Er: „Schatz, ich liebe dich, egal mit welcher Figur."

Sie: „Ja, das sagst du jetzt. Ich fühle mich so hässlich."

Er versuchte, sie zu beruhigen und schaute genauer hin. Ok, die Füße sind in letzter Zeit angeschwollen. Der Bauch droht zu explodieren. Und von den 60 Kilogramm Körpergewicht wurden 80 Kilogramm. Er hoffte natürlich auch, dass sie wieder ihre frühere Figur bekommen würde. Nur die Brüste, die dürften so bleiben.

Ihr Wunsch eine Tochter zu gebären erfüllte sich genauso wie seiner einen Jungen als Stammhalter seinen Sohn nennen zu können. Nur ihr beider Wunsch von einem Kind erfüllte sich nicht. Er bei der Geburt dabei, hielt beide Kinder in den Armen. Tränen des Glückes wurden vergossen. Der Schmerz, den sie während der Geburt erlitten hatte, war vergessen. Die Zwillinge, ein Mädchen und ein Junge, kamen gesund zur Welt. Julia und Julian sollten sie heißen. Aber das ist noch eine ganz andere Geschichte. Das Warten welche Farbe das Zimmer bekommen sollte, war damit auch erledigt. Beide Räume wurden gestrichen. Einer in hellblau und das andere Zimmer in zartem Rosé. Dafür musste sein vorher eingeplantes Hobbyzimmer nun in den Keller ausweichen.

Das war natürlich so nicht geplant gewesen. Aber das Leben hat nun mal seine eigenen Regeln und unser Pärchen schaute ganz erstaunt als sie von den Zwillingen erfuhr. Nachdem der erste Schock verdaut war, kam es irgendwann zu einem Gespräch der beiden.

Sie: „Schatz?"

Er: „Ja?"

Sie: „Bist du eigentlich glücklich mit mir?"

Er: „Ich verstehe die Frage nicht. Warum sollte ich nicht glücklich mit dir sein?"

Sie: „Ich meine nur so wegen der Zwillinge."

Er: „Kannst ja nichts dafür."

Sie: „Manchmal denke ich, du magst mich jetzt nicht mehr."

Er: „Denk einfach nicht so viel Unsinn."

Sie: „Ok, ich versuche es."

In dem Moment gab es von innen einen Tritt und sie bat ihm die Hand auf ihren Bauch zu legen. Er gehorchte und als es wieder zu einer Bewegung kam, meinte sie: „Wer da wohl immer tritt? Julia oder Julian vielleicht?"

Aufgeschreckt zog er die Hand von ihrem Bauch und sagte: „Das meinst du doch nicht im Ernst, oder?"

Sie: „Ich weiß gar nicht, was du meinst."

Er: „Du hast Ihnen schon Namen gegeben?"

Sie: „Ja, natürlich. Sind doch meine Babys."

Er: „Aber auch meine und ich möchte bei der Namensgebung ein gewichtiges Wort mitreden."

Sie: „Oh, natürlich."

Er: „Julia und Julian, nicht mit mir."

Sie: „Was stimmt denn mit den Namen nicht?"

Er: „Ich finde die Namen einfach doof."

Sie: „Und welche Namen findest du gut?"

Er musste überlegen. Der Zeiger der Uhr drehte sich und er hatte noch keine Ahnung, welche Namen er den Babys geben wollte. Es herrschte Stille und sie dachte schon das Gespräch wäre zu Ende, als er plötzlich Luisa und Luis rief.

Sie: „Oh mein Gott, bloß nicht."

Er: „Warum nicht?"

Sie: „Weil die Namen furchtbar sind. (Ich entschuldige mich bei allen, die Luis und Luisa heißen. Natürlich sind dies wunderschöne Namen. Nur musste ich ja irgendwelche Namen schreiben.)

Wir losen."

Er: „Ok."

Da wir die Namen der Zwillinge nach der Eintragung ins Familienbuch kennen, wissen wir auch, wer sich durchgesetzt oder das Losen für sich entschieden hat.

Ja, so ist es auf einmal, wenn Kinder ins Haus kommen. Zu Ende mit der ruhigen, entspannten Zweisamkeit. Sie im Dauerstress und er nun froh tagsüber arbeiten gehen zu dürfen. Dafür untersagte sie ihm das Fußballspielen mit seinen Freunden. Denn an diesen Abenden wollte sie auch mal Zeit für sich haben. Den Rest ihrer Zeit nahmen die Zwillinge in Anspruch.

An den letzten Beischlaf konnte er sich nicht mehr erinnern. Seit die Babys da sind, ist er von der Nummer 1 zur Nummer 3 degradiert worden. Dieses Gefühl kennen alle Männer, die Väter geworden sind.

Sie fühlte sich nicht mehr sexy und hatte noch zu kämpfen ihre Figur wieder in die Nähe wie vor der Schwangerschaft zu bekommen. Im Bett gab es jeden Abend zwar einen „Schlaf gut Kuss", das war es dann aber. Sie dreht sich um und schläft ein. Hält er dann mal seine Hände nicht bei sich, stößt sie ihn immer weg. „Ich bin müde. Ich brauche Ruhe. Nicht heute. Ich habe Kopfschmerzen." Das sind ihre Kommentare zu seinen Annäherungsversuchen. Ja, Männer so ist das nun mal. Die schöne Zeit ist vorbei. Nun kommt eine andere schöne Zeit auf euch zu.

Es war dann mal so ein Abend, an dem sie am

Nachmittag das Haus verließ, um sich mit ihren Freundinnen einen schönen Tag zu gönnen. Auf die Frage, ob er es einmal einen halben Tag ohne sie schaffen würde, lachte er nur und antwortete, sie solle sich keine Sorgen machen. Er hätte alles im Griff. So war es dann auch oder fast. Als sie ziemlich spät nach Hause kam, traf sie der Schlag. Die Teller und Töpfe stapelten sich in der Küche. Der Milchbrei für die Kleinen genauso angebrannt wie der von ihr vorbereitete Linseneintopf. Er sollte ihn doch nur auf kleiner Stufe aufwärmen. Die gebrauchten Windeln lagen im Abfalleimer unter der Spüle statt draußen in der Mülltonne. Der Geruch nach den Hinterlassenschaften der Zwillinge in den Windeln übertünchte schon den Gestank der angebrannten Speisen.

Als sie im Halbdunklen die Treppen aufsteigen wollte, stolperte sie über das Kabel in der Steckdose des Staubsaugers.

Beim Blick in die Kinderzimmer lagen beide Babys wach in ihren Betten und starteten an die Zimmerdecken. Er lag im Wohnzimmer auf der Couch und vor ihm eine halb aufgegessene gelieferte Pizza im Karton.

Als sie ihn weckte, waren seine ersten Worte, dass er alles unter Kontrolle hatte. Ja, das hat sie gesehen. Als er dann im Bett lag, räumte sie noch auf und spülte die Schweinerei in der Küche weg. Ja, was den Frauen ihr Navi ist den Männern der Haushalt. Keiner von beiden sollte mit dem Finger auf den anderen zeigen.

Ein paar Wochen zuvor im Autohaus. Er seinen GTI
noch vorher gewaschen und eine Innenreinigung
durchgeführt. Der Lack frisch poliert und die Felgen top
sauber. Jetzt stand sein Auto dort wie neu und ihm lief
eine Träne nach der anderen aus den Augen. Heute
war der Tag, sich zu verabschieden. Sein Liebling, sein
Schatz, sein treuer Gefährte und bester Kumpel wird
ihn gleich verlassen. An dessen Stelle wird dann ein
Kombi stehen. Keine Alufelgen mit
Niederquerschnittsreifen zieren den neuen Kameraden.
Die Motorhaube lohnt sich gar nicht zu öffnen bei der
minderen Leistung. Nur noch halb so viele
Pferdestärken wie zuvor. Er musste seinen
Sportkameraden wegen einer Familienkutsche den
Laufpass geben. Er hatte ein Gefühl des Verrates in
sich und es tat ihm nicht nur leid, sondern auch sehr
weh. Zum Abschied noch ein paar Fotos mit dem
Handy und dann zur letzten gemeinsamen Fahrt, um
seinen Liebsten in Zahlung zu geben. Der neue Wagen
und er würden nie Freunde werden. Das war ihm schon
von Beginn an klar. Im Gegenteil, ein wenig Hass
kommt seit dem Verrat jedes Mal in ihm auf, wenn er in
den ungeliebten Kollegen einsteigt. Er schwor sich, den
Neuen niemals zu waschen und mit Politur zu
massieren. Die Waschanlage müsste für ihn reichen.
Nun hatte er das rote Gefährt vor der Haustür stehen.
Ja genau, rot. Er wollte wenigstens eine schwarze

Lackierung. So wäre die Erinnerung früherer Jahre mit seinem geliebten Freund bei jedem Anblick da gewesen. Doch sie gab ihm die Entscheidung, die Farbe auszuwählen und zwar zwischen rot oder grün. Er hatte immer ihre Eifersucht auf seinen schwarzen Kumpel gefühlt und mit einer anderen Farbe hatte sie ihm

auch noch die Erinnerung gestohlen. Frauen dulden nun mal keine Konkurrenz und vor allem nicht in den eigenen Reihen. Zur Belohnung durfte er dann mit ihrer Erlaubnis zum Training. Als er dort mit der roten Karre vorfuhr, drehten sich einige seiner Mitspieler um. Keiner kannte das Auto und alle waren sehr gespannt, wer jetzt aussteigen würde. Dreimal tief durchatmen und sich den Stellen was jetzt kommt. „Hey Alter. Was sind denn das? Radkappen? Das kann doch nicht wirklich dein Ernst sein." Oder der Spruch: „Bist du betrunken gewesen, als du die Farbe ausgesucht hast?"
„Denk daran immer auf der rechten Spur bei der PS-Zahl bleiben."
Augen zu und ertragen. Bloß nicht zeigen, wie schmerzhaft ihre Kommentare für ihn sind. Noch beim Training kam der eine und andere Spruch. „Man bist du heute lahm, schalte mal den Turbo ein. Ach ja, hast du ja nicht mehr."
Ja, das tut weh. Aber da muss „Mann" jetzt durch. Die Zeit heilt alle Wunden. Wirklich?
Wer ist denn wirklich das starke Geschlecht? Würden Männer die Schmerzen einer Geburt ertragen? Mit

Sicherheit nicht. Schon bei der kleinsten Erkältung jammert er ihr die Ohren voll. Er stirbt mal wieder tausend Tode. Ja, die Kleinen endlich im Kindergarten bringen allerlei Krankheiten mit ins Haus. Natürlich haben sie und er ein paar Tage später den gleichen Mist in sich. Im Gegenteil zu ihm, sie geht wieder arbeiten, zumindest halbtags, liegt sie nicht krank im Bett, sondern kümmert sich um den Haushalt, um die Kinder und jetzt auch noch um ihn. Ruhig und gelassen wie ein Maultier stemmt sie das zu tragende Gewicht ohne zu jammern. Er dagegen ist für solche Aufgaben nicht belastbar. Das Chaos, dass er dann hinterlässt, ist zu groß. Deshalb hat sie weniger Arbeit, wenn er einfach im Bett liegen bleibt und sie sich sein Gejammer anhört.

Das neue Auto ist auch nicht mehr seins, sondern unser Auto und wird von beiden genutzt. Also ein Gebrauchsgegenstand und nicht sein kleiner Liebling. Deshalb nicht über den nächsten Dialog wundern.
Er: „Schatz, bist du gestern mit dem Auto unterwegs gewesen?"
Natürlich wusste er, dass sie mit dem Wagen gefahren ist.
Sie: „Ja, aber nur kurz."
Er: „Was heißt kurz? Wo warst du denn?"
Sie: „Ich war nur zum Supermarkt."
Er: „Und?"
Sie: „Was und?"

Er: „Irgendetwas passiert?"

Sie: „Was soll passiert sein?"

Er: „Die Beule und der Kratzer hinten links."

Sie: „Keine Ahnung. Das war ich nicht."

Er: „Wer sonst?"

Sie: „Ich nicht!"

Er: „Dann war es einer der Zwillinge."

Sie: „Vielleicht bist du es ja selber gewesen."

Er: „Natürlich, bleibt ja niemand anderes mehr übrig."

Mit jeder Menge Ärger und Wut im Bauch fuhr er zum Beulendoktor und lässt sich einen Termin für die Reparatur geben.

Das ist nun mal der Unterschied zwischen Frau und Mann. Das Auto muss für ihn sauber und ordentlich sein. Dazu gehören, auch wenn es rot ist, keine Kratzer oder Beulen. Ihr ist es meist egal. Wenn, dann genügt die Waschanlage, wobei sie die kleinen Kratzer und Beulen gar nicht sieht.

Das Werkzeug eines Mannes ist sein Heiligtum. Der Werkzeugschrank immer aufgeräumt und das Werkzeug genau an seinen Platz.

Er: „Schatz, warst du an meinem Werkzeug?"

Sie: „Nein, warum sollte ich?"

Er: „Ich suche den 10er-Maulschlüssel."

Sie: „Was suchst du?

Er: „Weißt du, wo der 10er-Maulschlüssel ist?"

Sie: „Was ist ein Maulschlüssel?"

Er hob den 12er-Schlüssel so hoch, dass sie ihn sehen konnte."

Er: „Das ist ein Maulschlüssel."

Sie: „Oh, du hast ihn gefunden. Dann brauche ich ja nicht mehr zu suchen."

Er: „Nee, das ist ein 12er."

Sie: „Ok."

Er: „Ich brauche den 10er."

Sie: „Geht die Zange nicht?"

Typisch Frau denkt er und sucht weiter. Er wusste ganz genau wo der Schlüssel lag, denn alles hatte hier seine Ordnung.

Nur lag an der vorgesehenen Stelle der Maulschlüssel nicht. Zwei Alternativen kamen jetzt in Betracht. Die erste war die, dass sie an seinem Werkzeug war und den Maulschlüssel verlegt hat. Die zweite Alternative war, die Polizei anzurufen und den einzigen gestohlenen Gegenstand aus dem Haus zur Anzeige zu bringen. Der Einbrecher hat keine Einbruchsspuren hinterlassen, nur um nichts außer den 10er-

Maulschlüssel zu stehlen. Bevor er zur Polizei gehen wollte, suchte er noch ein wenig und siehe da, er fand ihn auf der Erde in der Garage unter ihrem Fahrrad liegen.

Er: „Ich habe ihn gefunden."

Sie: „Das ist gut." Komisch das sie gar nicht wissen wollte, wo er gefunden wurde.

Er: „Er lag bei deinem Fahrrad."

Pause.

Er: „Er lag bei deinem Fahrrad."

Sie: „Ach ja stimmt. Ich habe ihn vor ein paar Wochen gebraucht. Der Gepäckträger war locker."

Umgekehrt gibt es auch für die Frauen etwas zum Schmunzeln. Der Mensch, Kopf der Evolution aller Lebewesen. Die Krönung der Schöpfung. Gottes Ebenbild.

So die Theorie. Menschen werden unterteilt in Männer und Frauen. Frauen sind so und Männer anders. Was Frauen gegenüber den Männern unterscheidet, ist ja schon ausführlich beschrieben worden. Doch eines können die Frauen niemals und ich meine nicht im Stehen pinkeln. Frauen können sich nicht in ihrer Evolution zurückentwickeln. Männer können das und zwar in Sekundenschnelle. Sie werden dann zum Gorilla oder Affen. Ein Beispiel gefällig?

Er geht mit seiner Partnerin aus. Ziel ein Pub mit Livemusik und Publikum. Sie freut sich wahnsinnig und möchte einen schönen romantischen Abend mit erotischen Happy End verbringen. Sie also noch vor dem Spiegel die Kriegsbemalung auftragen. Dazu ihren kürzesten Rock und ein etwas durchsichtiges Oberteil, dass ihre Dessous schattenhaft erkennen lässt. Jetzt noch die hohen Hacken an und dann ab zu Öl ihm ins Wohnzimmer. Er wartet schon einige Minuten und bekam erhöhten Speichelfluss als sie plötzlich vor ihm stand. Wow, er hatte schon nicht mehr gewusst, wie hübsch und sexy sein Schatz aussehen kann. Ihr Auftritt ist sehr gewagt, denkt er noch als sie beide das Lokal betraten. Er öffnete die Tür und ließ sie eintreten. Sie setzte den ersten Schritt in die Location und spürte die Blicke der sich zu ihr umdrehenden Männer. Mit aufrechtem Gang, den Po dezent eingesetzt, ging sie durch den Raum zu einer freien Stelle an der Theke. Er hinter ihr her. Erkennt natürlich die geilen Blicke der Konkurrenten. Sogar die Konkurrenz, die mit Partnerin dort waren, warfen ihr einen Blick zu. Jetzt kommt es zur ersten Stufe der Verwandlung. Er stellt den Oberkörper gerade, drückt die Brust nach vorne, atmet tief ein, aber nicht mehr so tief aus. Hinter ihr laufend fast er ihr an den Po und lässt die Hand drauf liegen. Jeder konnte jetzt sehen, zu wem sie gehört. Er setzte so seine erste Duftmarke. Sie stießen mit ihr Getränken an und als zweite Duftmarke küsste er sie. So jetzt konnte jeder erkennen, wer er war. Trotzdem gab es noch immer Männer dort, die den Augenkontakt zu ihr suchten, obwohl er daneben stand. Nun kommt Stufe 2. Absichtlich guckt er den Idioten, der wohl nicht kapiert hat, zu wem sie gehört, böse an. Na ja, das sollte wirken. Zumindest für die meisten unverschämten Männer. Doch es gibt auch hartnäckige Kerle, die ihn einfach ignorieren. Stufe 3 muss her. Er schnappt sie sich, drückt sie an sich und knutscht mit ihr. Das sollte der Blödmann jetzt verstanden haben. Doch leider war dem nicht so. Ab Stufe 4 beginnt der Verstand herunterzufahren und der Urinstinkt kommt zum Vorschein. „Was guckt der Affe da drüben immer zu dir rüber?"

Sie: „Lass ihn doch einfach, ist doch egal."

Er ist jetzt kurz vor Stufe 5. Da hört „Mann" nicht mehr, was die Partnerin sagt. Der Blick lässt den Rivalen nicht mehr los.

Sie: „Lass uns austrinken und gehen."

Er: „Ich muss mal aufs Klo."

Sie ahnt Böses, denn der Weg zur Toilette führt an dem Glotzer vorbei.

Sie: „Muss das sein?"

Er geht zum Klo und der Konkurrent versucht sein Glück. Er schickt ihr ein Lächeln rüber. Sie tut so als wenn sie es nicht gesehen hätte. Doch bedauerlicherweise hat er es auf dem Rückweg gesehen.

Stufe 6. Eine entscheidende Phase. Ist der Konkurrent auf der gleichen Stufe, springen beide sofort in Stufe 10. Dann gibt es keine Zurückhaltung mehr und man trifft sich draußen zum Duell.

Er: „Ey du Affe, was glotzt du die ganze Zeit meine Frau

so an?"

Der andere: „Hast du gerade Affe zu mir gesagt?"

Sie, inzwischen bei ihm zieht ihn weg und sie verlassen das Lokal.

Sie: „Und zufrieden? Du musst mal wieder den Affen spielen, oder? Danke für den tollen Abend."

Danach Funkstille zwischen den beiden. Vom sexy Outfit und mehr hat er sich mit der Zurückverwandlung vorhin ungünstigerweise verabschiedet.

Meine kleine Geschichte ging noch mal einigermaßen glimpflich aus. Aber wenn zwei Alphagorillas sich bekriegen gibt es eine Schlägerei und die geht niemals gut aus, egal für wen.

Und Männer merkt euch eines. Frauen mögen keine Affen oder Gorillas, es sei denn, sie haben Fell.

Was ist eigentlich der genetische Unterschied zwischen Frauen und Männern? Es sind die Buchstaben X und Y. Obwohl es in diesem Falle keine Buchstaben sind, sondern Chromosomen. Es gibt also X und Y-Chromosomen. Frauen besitzen jeweils 2 X-Chromosomen und Männer jeweils ein X und ein Y-Chromosom. Dieses Chromosom macht also das Geschlecht aus. Aber es gibt auch noch andere interessante Informationen über die beiden Chromosomen. An den X-Chromosomen können sich mehr als tausend Gene anheften. Beim Y-Chromosom sind es knapp einhundert Gene. Jetzt tapfer sein Männer. Deshalb erleiden wir viel öfter an den sogenannten Erbkrankheiten.

Und nun müssen die Männer noch tapferer sein und diese bittere Pille schlucken. Im heutigen Durchschnitt liegen bei IQ-Tests die Werte der Frau etwas höher als bei Männern. Ja, wer hätte das gedacht? In der Beziehungsebene sind Frauen viel emotionaler und gefühlvoller als der eher praxisbezogene Mann. Deshalb reden Mann und Frau oft einander vorbei. Auch in der Empathie und bei den sozialen Fähigkeiten haben die Damen die Nase vorn. Gratulation meine Damen. Doch die Männer können mit räumlichem Denken Boden gutmachen.

Das Frauen und Männer unterschiedliche Wesen, aber dennoch beides Menschen sind, ist wissenschaftlich belegt. Neben den ausschlaggebenden X- und Y-Chromosomen spielt das Testosteron eine ausschlaggebende Rolle. Die Konzentration des Sexualhormons liegt bei jungen Männern um zehnmal höher als bei Frauen.

Beim weiblichen Geschlecht bestimmt der Zyklus, wie hoch wann die Konzentration ihres Sexualhormons ist. Deshalb kommt es bei ihnen zu Stimmungsschwankungen und wir Männer meinen sie nicht verstehen zu können. Umgekehrt denkt die Damenwelt, dass die Männer ihr Gehirn viel zu oft in der Hose haben.

Einen großen Vorteil haben die Frauen dem Mann gegenüber. Die Frau wird im Durchschnitt 5 Jahre älter als der Mann.

Die normale Lebenserwartung eines heute in Deutschland geborenen Mädchens beträgt 83 Jahre. Die eines Jungen 78 Jahre.

Warum das so ist, erforschen die Wissenschaftler noch immer und eine einfache und klare Antwort haben auch diese Fachleute nicht. Vielleicht liegt es an der doppelten Anzahl von X-Chromosomen oder auch nur an den männlichen Y-Chromosomen? Es stellt sich da aber die Frage auf, spielen wirklich nur die biologischen Eigenschaften eine Rolle, warum Frauen länger leben dürfen als Männer? Es gibt auch viele von außen wirkende Faktoren, wie die Ernährung. Frauen achten meist etwas besser auf das, was sie essen. Der

Fleischkonsum ist zum Beispiel bei einem Mann wesentlich höher als der einer Frau. Auch haben bisher die Männer mehr geraucht als die Damen dieser Welt. Doch in diesem Fall holen die Frauen auf. Auch dem Alkohol sind die Männer etwas mehr zugeneigt als die Damenwelt.

Doch es gibt auch zuversichtliche Thesen für den Mann. Denn seit den 1990er Jahren wird die Differenz des länger Lebens der Frauen langsam geringer. Grundsätzlich werden aber alle Menschen langsam immer ein wenig älter und das von Generation zu Generation.

Aber dies soll ja keine biologisch wissenschaftliche Lektüre, sondern ein nicht ganz so ernst zu nehmendes Buch sein. Deshalb kommen wir wieder zu unserem Paar zurück.
Das verflixte 7. Jahr ist erreicht und noch immer sind sie verheiratet. Die Zwillinge stehen kurz davor eingeschult zu werden und freuen sich auf den nächsten Schritt in ihrem Leben. Es gab wie überall in den Ehen Höhen und Tiefen, die aber immer wieder überstanden wurden. Das klappt leider nicht immer so. Jede 2. Neuehe wird in Deutschland geschieden.

Der Duft des frisch durchlaufenden Kaffees breitet sich über die Küche bis in die erste Etage ins Schlafzimmer aus. Er ist extra früher als alle anderen aufgestanden, um ihr zum Muttertag ein Frühstück zu kreieren. Das von ihr so geliebte Omelette brutzelt in der Pfanne, während er noch die Früchte für den Obstsalat schneidet. Heute soll ihr Tag werden. Heute wird sie verwöhnt. Heute soll sie relaxen und entspannen. Heute kümmert er sich um alles. Das Frühstück aufs Tablett und nach oben zu ihr ins Schlafzimmer getragen.

Sie lässt die Augen geschlossen, lächelt aber als sie ihn hereinkommen hört. Die verschiedenen Düfte verrieten ihr, dass es Frühstück im Bett für sie geben wird.

Sie: „Schatz das ist lieb von dir."

Jetzt öffnet sie die Augen und hauchte ihm einen Kuss zu.

Sie: „Es ist schon eine Weile her, dass du mich mit einem Frühstück im Bett verwöhnt hast. Ich kann mich noch genau daran erinnern."

Sie lächelte und schob die Decke zur Seite.

Er: „Hm, hattest du nicht etwas an als ich aufgestanden bin?"

Sie: „Hatte!"

Er stellt vorsichtig das Tablett auf das Nachtschränkchen und kletterte zu ihr ins Bett. Beide genossen sie das was gerade passierte. Ja es hätte so schön werden können, wären da nicht plötzlich die

Zwillinge zur Tür hereingestürmt und auf das Bett gesprungen wären.

So endete der erste Teil des Muttertages anders als geplant.

Na ja, da er sich ja um alles kümmern wollte, stand er mit den Kindern in der Küche und bereitete das Mittagessen vor während sie in der Badewanne lag. Ein paar Minuten später standen die Töpfe auf dem Herd und das Essen köchelte so dahin. Mit den Kindern deckte er den Tisch und ging in den Keller, um den von ihr so geliebten Rotwein eine Flasche zu holen. Am unteren Treppenabsatz fiel er dann über die Wäsche, die dort von den Kindern hingeworfen wurde. Er bückte sich, hob die Wäsche auf und brachte sie in den Waschkellerraum. Dabei dachte er, ok, wenn ich schon mal hier bin, kann ich auch die Waschmaschine füllen und anwerfen. Gedacht, getan. Dann fiel ihm der Rotwein ein und er suchte nach der Flasche. Es dauerte einen kleinen Augenblick bis er sie gefunden hatte. Auf dem Rückweg hörte er dann die Kinder lauter schreien als das Piepen des Rauchmelders. Als er in der Küche ankam, stand sie vor dem Ofen und versuchte zu retten was zu retten war. Der Braten war definitiv angebrannt und ein Fall für den Mülleimer. So endete der 2. Teil vom Muttertag mit einer bestellten Familienpizza und einen Haufen Arbeit in der Küche. Was sagt uns das nun? Männer, wenn ihr eurer Frau einen schönen relaxten Tag gönnen wollt, schickt die Kinder zu den Großeltern, schnappt euch eure Frau und schenkt ihr ein Wellnesswochenende. Dort gibt es einen Masseur und auch einen Koch, dazu ein Zimmermädchen und die alle kümmern sich um euch damit ihr es so angenehm wie möglich habt. Denn eines ist gewiss, Männer sind nicht multitaskingfähig. Mehrere Dinge gleichzeitig zu erledigen können eure Frauen, aber nicht ihr.

Erzähle das doch deinem Frisör hieß es früher. Dabei ist die eigene Frau doch viel neugieriger. Ja die Neugier einer Frau ist unstillbar. Bei uns Männern ist es so, was uns nicht interessiert, interessiert uns nicht. Wir müssen uns dann darüber auch nicht unterhalten. Das sieht beim weiblichen Geschlecht ganz anders aus. Das neueste aus der Nachbarschaft oder dem erweiterten Umfeld ist für sie hochinteressant.
Sie: „Schatz, weißt du schon das Neueste?"
Er gelangweilt: „Nee."
Sie: „Das muss ich dir unbedingt erzählen."
Er immer noch gelangweilt: „Was denn?"
Jetzt ist es bei den Damen so. Wenn sie erzählen, kommen sie nicht wie der Mann von A nach B. Nein, sie starten bei A, nehmen dann C, D und wenn er viel Glück hat nur noch E mit, um nach B zu kommen.
Also weiter.
Sie: „Kennst du die Familie, die im Haus am Anfang der Straße auf Nr. 3 wohnen?"
Er: „Nee, nicht wirklich."
Sie: „Die mit den 4 Kindern."

Er: „Keine Ahnung."

Sie: „Die Zweitjüngste ist doch mit den Zwillingen im Kindergarten in der gleichen Gruppe gewesen."

Er: „Kann sein."

Sie: „Das gibt es doch gar nicht, dass du nicht weißt, wen ich meine."

Er: „Und was ist nun mit denen?"

Sie: „Also. Ich war ja heute Morgen im Supermarkt, die hatten ein paar Angebote, die ich mitgenommen habe. Außerdem musste ich noch die Zutaten für unser Mittagessen einkaufen. Gehacktes für die Frikadellen, die du so gerne magst. Kartoffeln und Bohnen dazu. Mensch, sind die Kartoffeln teuer geworden. Habe 60 Cent mehr als beim letzten Einkauf bezahlt. Aber egal, das wollte ich dir ja gar nicht erzählen."

Er hört schon nicht mehr richtig hin und ist in Gedanken bei der Arbeit.

Sie: „Schatz, hörst du mir überhaupt noch zu?"

Er: „Natürlich."

Sie: „Da habe ich doch die nette Cousine von dem Dings da, bei dir aus der Mannschaft getroffen. Wie heißt der noch mal?"

Er: „Wer?"

Sie: „Na, der aus deiner Mannschaft."

Er: „Wer von den 20?"

Sie: „Der, mit der netten Cousine. Mir fällt gerade der Name nicht ein."

Er: „Von der Cousine?"

Sie: „Nein, der Kerl aus deiner Mannschaft."

Er: „Weiß nicht wen du meinst."

Sie: „Egal fällt mir sicher gleich noch ein. Also ich stehe da mit ihr und unterhalte mich ganz nett. Du musst wissen, die Cousine kennt immer alles Neueste. Hm, wie heißt die denn noch mal? Da kommt die Frau, die in dem Haus am Anfang unserer Straße in Nummer 3 wohnt, an uns vorbei. Die hat sogar gegrüßt. Als sie dann ein paar Meter entfernt war, fragte mich die Cousine von dem, du weißt schon, ob ich schon das Neueste gehört hätte. Die Cousine, sie sah wirklich gut aus, sie war frisch beim Frisör und ihre Figur hat trotz der schwierigen Geburt ihres Kindes kaum gelitten. Nicht so wie bei mir."

Er schaut auf die Uhr und gähnt.

Sie: „Ich habe mal eine Frage? Interessiert dich gar nicht, was ich dir erzähle?"

Er: „Doch mein Schatz."

Sie weiter: „Also, als sie dann weit genug weg war, erzählte mir die Cousine, dass sie sich von ihrem Mann trennen wird."

Er: „Ja und."

Sie: „Stell dir das einfach mal vor."

Er: „Ich glaube, ich weiß jetzt, wen du meinst. Ich habe da auch sowas gehört."

Sie: „Wie du hast da auch was gehört? Ich denke, du kennst die nicht?"

Er: „Ich kenne die ja auch nicht. Habe nur in der Kabine beim Fußball mitbekommen, wie sich zwei Mitspieler darüber unterhalten haben. Sie soll einen Anderen haben."

Sie: „Was? Warum erzählst du mir denn so etwas nicht?"

Er: „Weil es mich nicht interessiert, habe ich es nicht für wichtig empfunden."

Sie: „Natürlich ist das wichtig. Ich muss so etwas doch wissen."

Er: „Warum musst du das wissen?"

Sie: „Weil ich so etwas eben wissen muss."

So oder ungefähr so finden in ähnlicher Form Millionen von Gesprächen zwischen Frau und Mann am Tag statt. Das kommt davon, dass Frauen in der Beziehungsebene viel emotionaler als Männer sind. Es liegt an ihren X-Chromosomen. Also liebe Männer nehmt es einfach so hin, denn die Frauen können es gar nicht anders, als das zu tun, was ihnen bei ihrer Geburt von Gott mitgegeben wurde.

Ein weiteres Beispiel ist die tägliche Anzahl an gesprochenen Worten. Auch hier liegen die Damen mit 8000 zu 3000 weit vor dem Mann. Was bedeutet das aber nun genau? Ganz einfach. Hat der Mann am Tag etwa 3000 Wörter gesprochen, ist sein Soll erfüllt. Deshalb kommt der Mann mit wenigen Wörtern zum Ziel. Die Frau dagegen hat bei 3000 Wörtern noch nicht einmal die Hälfte ihrer täglich gesprochenen Wörter erreicht und ist deshalb froh, wenn der Mann abends von der Arbeit kommt. Dann kann sie nämlich reden und reden und reden bis ihr Bedarf an 8000 Wörtern gedeckt ist. Das er sein Pensum an täglichen Wörtern schon längst bei seiner Arbeit erreicht hat, ist ihr egal. Sie muss ihre Wörter loswerden. Er muss das dann müde und erschöpft über sich ergehen lassen.

Sie: „Schatz, guck mal, was ich dir mitgebracht habe."
Er: „Wieso? Wo warst du denn?"
Sie: „Shoppen."
Er: „Du sollst mir doch nichts mehr mitbringen."
Sie mit mehr als fünf Tüten in der Hand: „Guck mal wie viel ich gespart habe." Hier die Jacke 50 Prozent Rabatt. Die Schuhe sogar 50 Euro runtergesetzt. Schau dir die Dessous an. Ist ja auch für dich. 79 statt 129 Euro. Das Kleid kostete nur noch die Hälfte, wie vor dem Sommer. Und das Hemd habe ich für dich mitgebracht. Was meinst du, wie teuer das normal ist? 89 Euro. Jetzt 39. Mehr sparen geht nicht."
Sie völlig aufgeregt und freudig, packt die Sachen auf

den Küchentisch.

Er: „Wie teuer war das denn alles zusammen?"

Sie: „Keine Ahnung. Hauptsache viel gespart."

Er: „Ich glaube, du hast ungefähr 329 Euro ausgegeben und nicht gespart."

Sie: „Doch, habe ich dir doch gerade gesagt."

Er: „Wenn du gespart hast, müsste ja unser Konto jetzt den Betrag des Gesparten mehr aufweisen. Tut es aber nicht. Du hast Geld ausgegeben und nicht gespart. Du hast die Klamotten günstiger bekommen, aber nicht gespart."

Sie: „Warum bist du so? Kannst du dich nicht mal über das neue Hemd freuen?"

Er: „Ich möchte mir meine Klamotten selbst aussuchen und auch selber kaufen. Das habe ich dir doch schon ein paar mal gesagt."

Sie: „Ich habe für dich stundenlang geguckt und du meckerst nur. Dir bringe ich demnächst nichts mehr mit."

Und da ist er wieder, der Schmollmund.

Endlich bald Urlaub. Das Hotel am Mittelmeer ist schon mit Frühbucherrabatt im Januar dingfest gemacht worden. Dadurch haben sie einige hundert Euro „gespart".

Doch mit den Sachen vom letzten Jahr konnte sie sich dort nicht sehen lassen. Stell dir mal vor, sie treffen irgendwelche Leute von damals und die Frau bemerkt, dass sie das Oberteil schon im letzten Urlaub an hatte.

So stieg die Nervosität mit jeden vergangenen Tag weiter an. 2 Wochen vor dem Abflug stand sie panisch vor dem überfüllten Kleiderschrank.

Er: „Schatz, was ist los?"

Sie sieht ihn mit erröteten Wangen und Schweißperlen auf der Stirn an. Er erkannte ihre innere Panik. Also sprach er sie noch mal an.

Er: „Schatz, kann ich dir helfen?"

Sie: „Ich habe nichts zum Anziehen."

Er sieht in den geöffneten 5 Meter breiten Schrank, der wegen Überfüllung kein paar Socken mehr Platz bieten konnte und fragte verwundert: „Wie kommst du zu dieser Aussage? Dein Schrank platzt aus allen Nähten."

Sie: „Ich wusste von vornherein, dass du das sagen würdest. Schau doch mal genauer hin. Viele von den schönen Sachen passen mir nicht mehr. Ich kann machen was ich will, ich komme da nicht mehr rein. Die anderen Klamotten sind für die kältere Jahreszeit oder nicht mehr angesagt."

Er: „Warum entrümpelst du nicht den Kleiderschrank. Größe 34 wird doch nicht mehr passen."

Sie: „Das ist jetzt nicht schön von dir. Natürlich werde ich abnehmen und dann die Sachen wieder tragen können."

Er denkt nur, dass sie jetzt Größe 38 hat und seit einigen Jahren ohne wirklichen Erfolg versucht abzunehmen. Besser nix mehr sagen.

Eine ganze Woche zerbricht sie sich vor dem Kleiderschrank den Kopf. Einige Teile fanden dann auch tatsächlich den Weg in den Koffer. Doch zufrieden war sie mit dem Ergebnis nicht. Deshalb saß sie eine Stunde später im Auto und war auf dem Weg zum Shopping-Center.

Nach sieben Stunden kam sie wieder durch die Haustür gelaufen. Er saß mit den Zwillingen beim Abendessen am Küchentisch. Gut gelaunt, mit ein paar Tüten in der Hand marschierte sie, ohne anzuhalten zum Kleiderschrank. Der Urlaub war noch einmal kurz vor Ablauf der Deadline gerettet worden. Die ganze Aktion hat 12 Tage in Anspruch genommen. Die Koffer für ihn und die Twins waren in 20 Minuten gepackt.

Ja so verging die Zeit. Ein Tag war wie der andere. Die Kinder mittlerweile Jugendliche, die so langsam ihr Leben selbst gestalteten. Er hatte wenigstens noch ab und zu sein Fußballtraining und somit etwas Abwechslung. Sie ging wieder Vollzeit arbeiten und kümmerte sich um den Haushalt. Es geschah beim Putzen. Sie stand vor dem großen Spiegel und sah ihr Spiegelbild. Das, was sie sah, war keine junge attraktive Frau mehr. Zum ersten Mal seit den letzten Jahren schaute sie wirklich in den Spiegel. Waren das noch Fältchen oder sind das schon Falten in ihrem Gesicht? Sie drehte sich um und begutachtete ihren Po. Der passt auch nicht mehr überall rein, dachte sie plötzlich und öffnete den Kleiderschrank. Da lagen sie noch, die Sachen von früher in Konfektionsgröße 34. Sie wollte die Kleider immer noch mal tragen, musste sich aber eingestehen ihre Figur nicht mehr dorthin bekommen zu haben. Sie griff in den Schrank und zog das erste Kleid von früher heraus. Hielt es vor sich und schaute in den Spiegel. OK. Vielleicht klappt es ja. Sie zog ihre Sachen aus und versuchte sich hineinzuzwängen. So ein Mist, klappt nicht. Vielleicht den BH weglassen? Mit einer Hand geöffnet flog dieser auf den Fußboden und ihre Brüste gaben auch der Schwerkraft nach. Doch auch dieser Versuch ins Kleid zu kommen schlug fehl. Aus der Küche holte sie einen Müllsack und das Kleid fand den Weg hinein. Dieses Spiel wiederholte sich so lange, bis der Kleiderschrank kein Bekleidungsstück in Größe 34 und auch nicht

mehr in 36 hatte. 2 große 80 Liter Müllsäcke standen bereit in den Container der Altkleidersammlung gebracht zu werden. Schweren Herzens trennte sie sich so auch von dem Wunsch, ihre Figur der von früheren Zeiten wieder anzunähern. Die ganze Tat hatte auch etwas Gutes. Jetzt war im Schrank wieder Platz für neue Sachen. Der Frust über das Ausmisten des Kleiderschrankes und dazu die Eintönigkeit der letzten Monate oder sogar Jahre trieben sie plötzlich an. Vor dem Spiegel eine leichte Kriegsbemalung aufgetragen, etwas Parfüm hinter den Ohren und zu dem schwarzen Kleid die hohen offenen Schuhe. Wieder vor dem Spiegel sagt sie zu sich selbst: „Na geht doch." Bevor sie auf dem Parkplatz des Shopping-Centers aus dem Wagen stieg, wurde der Lippenstift noch einmal nachgezogen. Es war ein herrliches Gefühl, mal wieder shoppen zu gehen. Auch die Blicke einiger Männer genoss sie und taten ihr gut. Es war Balsam für ihre Psyche. Sie schlenderte mit den Einkaufstüten der Modelabels durch die Mall und sah sich selbst in den Scheiben der Schaufenster widerspiegeln. Sie stoppte kurz und begutachtete sich. Doch noch attraktiv, dachte sie, als sie eine männliche Stimme hinter sich vernahm. Sie drehte sich um und vor ihr stand ein lächelnder Fremder. „Alles gut, was du dir da die ganze Zeit in Schaufenstern ansiehst?"
Sie konnte es kaum glauben, beobachtet worden zu sein und errötete ein wenig. Doch zum Glück fiel ihr schnell genug ein Konter ein: „Das kannst du mir ja

sagen."

Fremder: „Ich würde sagen, alles mehr als gut." Er untermauerte seine Feststellung mit einem breiten Grinsen.

Als sie ebenfalls lächelnd zum Gehen ansetzte, fragte der Fremde: „Lust auf einen Kaffee?" Und zeigte auf ein Café in der Nähe. Sie schüttelte den Kopf und zeigte ihm den Ehering am Finger ihrer rechten Hand. Der Fremde hob die Schultern und sagte: „Kein Sex, nur einen Kaffee." Hatte sie sich jetzt verhört oder hat der Kerl das wirklich gesagt? „Ist das nicht ein wenig unverschämt?" Wieder hob er lächelnd die Schultern. Sie hätte nein sagen können. Vielleicht hätte sie auch nein sagen müssen. Doch 5 Minuten später bestellte sie einen Cappuccino.

Frauen gieren nach Aufmerksamkeit. Der eigene Partner sollte dies nie vergessen. Wenn doch, dann könnte sich so etwas wie von mir gerade beschrieben abspielen. Gebt euren Damen das Gefühl noch immer attraktiv und gut aussehend zu sein. Blickt sie ab und zu ruhig gierig an. So weiß sie, dass ihr noch scharf auf sie seid.

Sie braucht und sie liebt das. Auch einen Strauß Blumen solltet ihr mal mit nach Hause bringen, das erfreut ihr Herz und festigt die Liebe zu euch.

Wie die Geschichte weitergeht, überlasse ich jedem Einzelnen und seiner Fantasie.

Wieder zu Hause wartete er schon auf sie.

Er: „Wo warst du?"

Sie: „Ich war shoppen."

Er: „Du bist nicht ans Handy gegangen."

Sie: „Habe ich nicht gehört."

Jetzt geht meine Geschichte weiter.

Er: „Komisch, sonst gehst du immer ran."

Sie: „Weißt du, was mir heute passiert ist?"

Er: „Nee."

Sie: „Also ich habe geputzt und dann die alten Klamotten ausgeräumt. Dann bin ich shoppen gefahren und bin von einem Fremden angesprochen worden. Er war attraktiv und ich habe ihm gesagt, dass ich verheiratet bin. Trotzdem wollte er einen Kaffee trinken gehen. Ich habe einen Cappuccino bestellt und mich kurz nett unterhalten. Bin nach 10 Minuten aufgestanden und gegangen. Er wollte noch meine Handynummer haben, die ich ihm nicht gegeben habe. Dann versuchte er mir seine Nummer aufzuschwatzen, doch ich sagte ihm nur, der Cappuccino war lecker, legte das Geld für diesen auf den Tisch und winkte ihn zum Abschied zu."

Er: „Warum hast du das gemacht?"

Sie: „Weil ich nur dich liebe."

Ja, wenn Frauen lieben oder eher wenn Frauen frisch verliebt sind passiert Folgendes mit ihnen. Dazu muss ich mich noch mal korrigieren. Wir haben hier schon gelesen, dass Männer gegenüber Frauen 10 Mal mehr Sexualhormone produzieren. Das ist auch erst einmal richtig. Doch keine Regel ohne Ausnahme. Bei den Damen spielt der immer werdende Zyklus die bestimmende Rolle wann wie hoch sich deren Sexualhormone durch ihren Körper bewegen. Wenn sich eine Frau verliebt, holt sie in der Zeit den Rückstand zu einem Mann annähernd auf und benimmt sich anders als gewohnt. Plötzlich ist auch ihr Verhalten beim Sex viel intensiver. Sie kann von ihm einfach nicht genug bekommen und das verliebte Paar landet so oft wie möglich gemeinsam im Bett. Leider hält die hohe Konzentration des Sexualhormons bei ihr nur in der Phase des frisch verliebt sein. Männer wollen immer, so heißt es ja. Bei dem weiblichen Geschlecht muss dazu im Kopf vieles stimmen, um für sie vernünftigen Sex zu haben und vor allem geben zu können.

Also Männer, anstrengen. Der Orgasmus der Dame ist Kopfsache. Natürlich hat auch sie ihrer erogenen Punkte, auf die sie anspringt. Doch spielt der Kopf nicht mit, habt ihr verloren.

Tanzen heißt das Zauberwort. Wenn ein Mann seine Traumfrau im Auge hat, sollte er gut tanzen können. Ich kann es bedauerlicherweise nicht! Die meisten Frauen wollen tanzen und findet sich für die Dame ein guter Tänzer hat er die halbe Miete für ihn eingefahren. Dann noch höflich und ein wenig romantisch der Frau gegenübertreten und für die nächste Verabredung sind alle Hindernisse aus dem Weg geräumt. Wenn er als tanzender Mann die Tanzpartnerin über das Tanzparkett führt und macht das gut, beneidet die zuschauende Damenwelt ihre Konkurrentin. Ist der Tänzer dann von der Tanzfläche gegangen, weil er oder sie eine Pause benötigt, wird er oft von anderen Damen angesprochen und zu einem Tanz aufgefordert. Ein guter Tänzer hat auch sofort Körperkontakt zu seiner Tanzpartnerin. Wo gibt es das sonst, dass der Mann sofort nach der Vorstellung die Frau im Arm hat? Beim Tanzen lassen sich die Frauen von ihm dann wie im Leben von dem Partner führen. Der Herr gibt also im Tanzsaal sofort den Ton, bzw. die Schrittfolge an. Frauen lassen sich in seinen Armen fallen und haben riesigen Spaß schweißgebadet nach den Klängen der Musik mit ihm bis zur Erschöpfung zu tanzen. Ich weiß liebe Männer, euch interessiert lieber das Auto und die vielen Pferdestärken, doch hört auf meinen Tipp. Wer als Mann tanzen kann, ist bei den Damen auf der Siegerstraße.

Frauen sind naiv und Männer dumm, wenn es um das Thema bester Freund geht. Natürlich mag es wenige Ausnahmen geben, aber das sind wirklich nur ganz wenige Ausnahmen. Frau und Mann lernen sich irgendwann meist über gemeinsame Bekannte kennen und sind sich von der Einstellung sympathisch. Es baut sich langsam ein freundschaftliches Verhältnis auf und mit der Zeit wird das gegenseitige Vertrauen immer größer. Doch wer jetzt meint, die beiden würden ein tolles Pärchen abgeben, liegt leider daneben. Er hört ihr immer aufmerksam zu, gibt gute Ratschläge und ist immer für sie da. Sie fühlt sich in seiner Gegenwart sehr wohl und redet mit ihm über ihre tiefsten Sorgen und intimsten Geheimnisse. Die beiden verbringen oft die Zeit miteinander, wobei sie Orte oder Events besuchen wie ein richtiges Paar. Sie ist froh, ihn als ihren „besten Freund" bezeichnen zu können. Frauen sind da so. Sie brauchen eine beste Freundin zum Reden und manchmal ist die beste Freundin eben der beste Freund. Ohne Gedanken, mit ihm eine Paarbeziehung einzugehen, ist sie glücklich, so wie die Freundschaft ist. Nie könnte sie sich vorstellen, mit ihm intim zu werden und jetzt kommt das Ausschlaggebende. Sie denkt aber auch er würde so denken wie sie selbst. Enttäuschenderweise ist das bei Männern nicht so. Ich möchte jetzt nicht sagen, dass alle Männer Hintergedanken haben, aber kein Mann will nach einer gewissen Zeit immer nur der beste Freund bleiben. Auch hier ist eine der oben genannten

Ausnahme Männer, die dem gleichen Geschlecht angetan sind. Die anderen Männer hoffen trotz des besten Freund-Status doch auf eine Zeit als Pärchen. Natürlich geben sie das zu Anfang nicht zu, denn dann wäre es aus mit den vielen zukünftigen gemeinsamen Zeiten. Doch irgendwann kommt die Katze aus dem Sack und er muss Farbe bekennen. Vorher hat er sich vielleicht schon so oft ihre Schwierigkeiten mit anderen Kerlen anhören müssen und stand ihr bei. Doch insgeheim war er bei all ihren Geschichten mit ihren Partnern schon ein wenig eifersüchtig. Er konnte nie verstehen, warum sie sich immer wieder mit Typen einließ, die ihr nicht guttaten. Dabei war er doch immer für sie da.

Frauen verlieben sich nun mal nicht in ihren besten Freund, ganz zum Gegenteil wie der beste Freund. Er träumt von einer intimen Beziehung mit seiner Freundin. Wenn er dann endlich den Mut aufbringt und ihr seine wirklichen Gefühle zu ihr beichtet, wird sie ihn erst einmal vertrösten. Danach wird der Abstand von ihr zu ihm zunehmen und die Treffen und Telefonate werden weniger und kürzer. Sie wird eine Partnerschaft mit einem Mann, in den sie sich verliebt hat eingehen und der beste Freund gerät in Vergessenheit.

Also Frauen denkt immer daran, irgendwann möchte der beste Freund mehr. Und Männer, wenn ihr der beste Freund seid, muss euch klar sein, dass ihr die Dame eures Verlangens nie bekommen werdet.

Bleiben wir doch einfach mal bei der Naivität und zwar jetzt bei den Männern. Genau, Männer können auch naiv sein. Nein nicht alle Männer, aber es gibt genug von denen die naiv sind und zwar je älter sie sind, umso naiver werden sie. Ich kann natürlich nicht alle über einen Kamm scheren und einfach so behaupten, dass viele ältere Herren naiv sind. Doch leider ist es in meinem Beispiel meistens so. Das Alter des Herrn spielt dabei die größte Rolle. Je älter, desto naiver wird der Mann in meiner Beschreibung. Ein weiterer großer Faktor ist sein Reichtum und/oder seine Berühmtheit. Kurz zusammengefasst: Je älter, reicher und berühmter, umso naiver ist der Herr. Jetzt zum Punkt. Meine Herren glaubt ihr in eurem Alter wirklich daran, dass ihr von einer Frau geliebt werdet, die vom Alter her eure Enkelin sein könnte?

Alter Mann und junge Frau gibt es ziemlich oft und fast nur in den von mir oben geschriebenen Situationen. Natürlich gibt es auch wenige alte Frauen, die einen jungen Mann haben, aber denen geht es dann genauso wie unseren naiven Männern. Ich rede hier nicht von Männern, die 5, 10 Jahre oder von mir aus auch 20 Jahre älter als ihre Frauen sind. Ich meine hier Männer deren Altersunterschied 40, 50 oder mehr Jahre zu ihren jungen Mädchen sind.

Glaubt ihr wirklich, diese jungen Damen verlieben sich in euch? Wenn ihr das wirklich glaubt, habt ihr euren Reichtum nicht mit eurer Intelligenz erworben. Mittelloser alter Mann ohne Reichtum und junges Huhn gibt es nämlich so gut wie nie. Natürlich sind die jungen Damen verliebt. Sehr sogar. Aber nicht in euch. Sie sind verliebt in eure Autos, in eure Immobilien, suhlen sich mit eurer Berühmtheit und lieben das gemachte wohlhabende Nest, das ihr ihnen mit eurem Reichtum bietet. Für sie ist es genauso wie für euch, wenn ihr mit 20 Jahren eine achtzigjährige Oma heiratet und mit ihr den Beischlaf ausüben müsstet. Kein schöner Gedanke, oder? Na ja, das ist der Preis, den die jungen Frauen für das wohlhabende Leben bereit sind in Kauf zu nehmen. Natürlich beneiden euch eure gleichaltrigen Freunde. Wer möchte nicht mit einer zwanzigjährigen Frau ins Bett? Aber auch nur das. Hinter vorgehaltener Hand lachen sie aber über eure Naivität. Steht ihr den auf gelbe Zähne und runzeliger Haut? Gewiss nicht, denn sonst hättet ihr ja nicht den Drang nach so jungen Damen. Ich glaube nicht, dass eure Frauen auf dicke Bäuche, runzelige Haut, gelbe Zähne und auf dünne graue Haare stehen. Aber das soll auch jetzt reichen mit meinen Äußerungen von alten Herren und jungen Damen.

6 Jahre. Was soll uns die Zahl 6 und das Wort Jahre sagen?

Das ist die Differenz von Lebensjahren zwischen Mann und Frau. Bis in den Neunzigern des letzten Jahrhunderts wurden die Frauen in Deutschland im Durchschnitt 6 Jahre älter als die Männer. Die Lebenserwartung eines Mannes lag bei fast 73 Jahren. Die einer Frau zu dieser Zeit bei 79 Jahren. Warum das so ist, weiß bis heute niemand genau zu sagen. Es sind wohl mehrere Komponenten, die diesen Unterschied beeinflussen. Insgesamt lebten die Herren der Schöpfung wohl ungesünder als die Damen dieser Welt. Sie rauchten wesentlich mehr, sie aßen mehr Fleisch, ihre Berufe waren körperlich anstrengender und dem Alkohol wurde auch mehr Aufmerksamkeit geschenkt als es das weibliche Geschlecht tat. Vielleicht liegt es aber auch nur an den Y-Chromosomen, die im Gegensatz zu den X-Chromosomen, nur 46 Gene statt ungefähr 2000 Gene an sich bindet.

Doch es gibt Hoffnung für das starke Geschlecht. Frauen aufgepasst, die Männer holen auf!

In der heutigen Zeit ist die Lebenserwartung einer Frau auf 83 Jahre gestiegen. Aber auch die Männer werden älter als noch einige Jahrzehnte zuvor. Mit 78 Jahren liegt die Differenz nur noch bei 5 Jahren. Also theoretisch würden die Herren dieses Planeten in ungefähr 175 Jahren mit der Lebenserwartung der Frauen gleichziehen.

Liebe Männer, macht euch nie eine Frau zu eurem Feind.

Frauen lieben, ohne Wenn und Aber. Wenn das weibliche Geschlecht liebt, dann tut sie alles für ihn und die Liebe zu ihm. Sie lässt nichts auf ihren Partner zukommen, hält immer die schützende Hand über ihn und steht fest wie der Fels in der Brandung hinter ihm. Männer, die von einer Frau geliebt werden, können sich glücklich schätzen. Da gibt es nur ein Problem. Viele Männer meinen, dies ist normal. Dabei ist es ein Privileg, doch das erkennt eine Vielzahl von Männern leider nicht. Streiten Männer untereinander, ist es oft üblich, dass „Mann" die Sache ausdiskutiert, oft auch heftig, eine Nacht oder mehr darüber schläft und sich später doch wieder die Hände schüttelt. So kann es bei Jungs sein. Frauen dagegen schlucken und ertragen vieles, bis zu einem gewissen Punkt. Dieser Punkt ist dann erreicht, wenn die Liebe zu ihm in Hass umschlägt. Dann gibt es keine Diskussion oder kein Verhandeln mehr. Hat sie sich entschieden, ihm ihre Liebe nicht mehr zu schenken, hat er verloren. Dann tritt genau das Gegenteil ein. So wie sie ihrer Liebe ihm gegenüber alles bereit war zu geben, konzentriert sie sich jetzt auf ihren Hass zu ihm. Egal, was er jetzt noch zu glätten versucht, funktioniert nicht mehr. Und nun kommt noch der Einfallsreichtum der Damen, der ihren Hass und ihr Tun nährt. Er wird von ihr, wie von einer Walze überfahren werden. So stark ihre Liebe zu ihm mal war, ihre Abneigung gegen diesen Kerl wird die ehemalige Liebe noch überragen. Dies kann dann so aussehen. Er kommt von der Arbeit und der Schlüssel passt nicht mehr in die Haustür oder er passt doch noch, nur die Wohnung ist bis auf die letzte Lampe leergeräumt. Die Garage ist verwaist und mit seinem Wagen fahren jetzt andere Leute.

Das Haus, dessen Hypothek gerade abbezahlt worden ist, wird inzwischen nicht mehr von ihm bewohnt. (Wenn der Schlüssel nicht mehr passt)

Sein Nest wird dann schnell ein anderer Vogel seines nennen. Sollte er mit ihr verheiratet gewesen sein, kommt schnell die Forderung ihres Rechtsanwaltes mit völlig überzogenen Forderungen. Wenn dazu noch Kinder im Spiel sind, werden die Forderungen noch einmal um einen erheblichen Teil erhöht.

Am Ende könnte es dann so aussehen. Ihr wohnt in einer kleinen Wohnung, sie bleibt in eurem ehemaligen gemeinsamen Haus, dass er von seinem mühsam erarbeiteten Geld finanziert habt. Ihr neuer Freund geht dort ein und aus, denn er hat den passenden Schlüssel. Der Neue von ihr hat auch den Schlüssel für sein Auto, was ihm nicht mehr gehört und fährt dabei noch lächelnd an ihm vorbei. Die Kinder, die ja auch seine sind, darf er erst einmal nicht mehr sehen. Ein Besuchsrecht muss er über seinen Rechtsbeistand dann einklagen. Der Blick auf seinen Gehaltsstreifen und dem, was davon übrig bleibt, bringt dann das Fass zum Überlaufen. Jetzt erkennt er, was die Zukunft ohne sie bringen wird. Wie eine Orange presst sie ihn bis auf den letzten Tropfen aus. Ihm bleibt nur noch so wenig, wie der Richter ihm dann gerade so zuspricht. Das ist der Punkt, an dem er bereut. Zuerst bereut er, dass es so weit mit ihr gekommen ist. Danach bereut er geheiratet zu haben und zum Schluss sie überhaupt kennengelernt zu haben. Doch wenn er dann nach einiger Zeit ehrlich zu sich selbst ist, bereut er, sein damaliges Verhalten.

Also Männer denkt an meine geschriebenen Worte, benehmt euch und lasst es nie so weit kommen, dass euren Frauen euch hassen. Denn sie schaffen es, ganze Königreiche zu Fall zu bringen. Theoderich der Große, Herrscher des Ostgotischen Reiches in Italien im 5. und 6. Jahrhundert und seine Nachfolger wurden durch ihre Frauen verraten und gestürzt. Soviel zu dem Hass der Damenwelt.

Sie hört am Abend, wie ihr Mann von der Arbeit die Tür aufschloss. Den ganzen Tag hat sie schon auf diesen Augenblick gewartet. Dass er vielleicht müde von der Arbeit nach Hause kam und dazu hungrig, war jetzt zweitrangig.

Sie: „Schatz?"

Nichts!

Sie: „Schatz, bist du da?"

Er ganz leise: „Ja."

Sie: „Kannst du mal gucken kommen?"

Er: „Ist das wichtig? Ich habe Hunger."

Sie: „Ja, ist wichtig."

Er zog sich noch schnell die Jacke mit den schmelzenden Schneeflocken auf den Schulterpartien aus und ging zu ihr ins Wohnzimmer.

Sie: „Schau mal hier. Ich bin die ganze Zeit wegen unseres Sommerurlaubs im Internet am Surfen."

Er: „Jetzt schon? Wir haben doch erst Januar und bis August ist noch viel Zeit."

Sie: „Typisch Mann. Den Frühbucherrabatt gibt es nur noch bis Ende des Monats."

Er: „Ok. Etwas gefunden?"

Sie: „Nee, nicht wirklich. Mallorca dieses Jahr viel zu teuer. Türkei etwas günstiger, aber viel

kostspieliger als letztes Jahr. Italien unbezahlbar. Griechenland käme vielleicht infrage."

Er: „Ok, dann zu den Griechen. Ich gehe jetzt in die Küche, etwas essen."

Etwas später, er hatte sich das Essen warm gemacht, gegessen und liegt jetzt vor dem Fernseher auf dem Sofa.

Sie: „Schatz, kommst du mal!"

Er: „Ich liege gerade bequem."

Sie: „Komm trotzdem, ist wichtig."

Sie: „Guck mal hier. Rhodos! Gefällt dir das Hotel?"

Er: „Sieht gut aus. Aber Griechenland ist eigentlich nicht so mein Favorit."

Sie: „Aber es sieht gut aus und ist vom Preis her ok."

Er: „Ok, dann buche es."

Am nächsten Morgen, beim gemeinsamen Frühstück, sprach sie ihn dann noch einmal wegen des Urlaubs an.

Sie: „Schatz, schau dir das Hotel mal an."

Er: „Ist doch Türkei? Wollten wir nicht nach Rhodos?"

Sie: „Das ist besser. Außerdem wolltest du nicht nach Griechenland."

Er: „Ok, dann buche die Türkei."

Sie: „Werde ich nach dem Frühstück machen."

Es war Samstagmorgen und er war gerade in der Auffahrt beschäftigt, die in der Nacht heruntergekommenen Schneemassen zu beseitigen.

Sie: „Schatz, ich habe etwas gefunden. Sieh dir das mal an."

Er: „Ich habe zu tun."

Sie: „Nee, schau mal schnell, das ist wichtiger."

Er: „Portugal? Warum plötzlich Portugal und nicht mehr die Türkei?"

Sie: „Wir sparen hier mehr. Das hier hat all-inclusive."

Er: „Ok, dann eben die Algarve."

Sie: „Mache ich dann klar."

Später am Nachmittag. Sie sitz immer noch vor dem Internet und durchsucht die Seiten.

Er: „Guckst du immer noch?"

Sie: "Ja."

Er: „Was ist mit Portugal?"

Sie: „Doch nicht so gut."

Er: „Erst Griechenland, dann Türkei, danach Portugal und jetzt?"

Sie leicht verärgert: „Ich suche seit Tagen das

beste Angebot und du meckerst noch herum. Ich habe keine Lust mehr. Mach du das doch."

Funkstille.

Zwei Tage später. Er kommt von der Arbeit und hat natürlich nicht wegen des Urlaubs recherchiert.

Sie: „Schatz?"

Er: „Ja?"

Sie: „Hast du wegen des Urlaubs geguckt?"

Er: „Wann denn?"

Sie: „Ich glaube, ich habe was gefunden. Hier sieh mal."

Er: „Malle? Ich dachte, Mallorca ist zu teuer!"

Sie: „Ja, kostet etwas mehr, aber das Hotel ist Spitzenklasse."

Er: „Ja, du hast recht, sieht richtig gut aus. Kannst du buchen."

Am darauf folgenden Tag zur gleichen Zeit.

Er: „Und Schatz, Reise gebucht?"

Sie: „Ja, habe ich."

Er: „Dann freue ich mich, mit dem Frühbucherrabatt nach Mallorca zu fliegen."

Sie: „Rhodos!"

Er: „Wohin?"

Sie: „Rhodos!"

Er: „Wieso den jetzt doch Rhodos?"

Sie: „Habe eingesehen, dass Rhodos das beste Preis-Leistungs-Verhältnis hat."

Er: „Und dafür der tagelange Stress?"

So oder ungefähr so läuft es in vielen Partnerschaften Jahr für Jahr ab.

Viele Frauen können sich nun mal nicht sofort entscheiden. Doch ihr Bauchgefühl gibt ihnen später oft recht.

Wenn die Männer jetzt kopfschüttelnd lächeln, denkt daran, auch über euch wird gelacht.

Irgendein Samstagabend, wie er immer wieder vorkommt. Unser Paar macht sich für die Party bei Bekannten bereit. Natürlich sitzt er bei der Hinfahrt hinter dem Lenkrad und steuert das Auto. Doch während der Fete und einigen Bieren schiebt er großzügig seiner Partnerin den Wagenschlüssel zu. Sie hat somit gerade das Privileg von ihm bekommen, sein Auto nach Hause fahren zu dürfen. Das sie den ganzen Abend keinen Alkohol zu sich nehmen darf, kommt dann auch noch dazu. Auf alle Fälle sitzt das Pärchen dann zur Abfahrt im eigenen Auto.

Er: „Alles Klar?"

Sie: „Ja."

Er: „Und warum startest du nicht?"

Sie: „Wo stellt man den Sitz richtig ein?"

Er: „Links unten den Knopf neben den Sitz drücken."

Sie: „Wo? Find ich nicht."

Er schnallt sich los und beugt sich über ihre Beine, um an den Schalter zu kommen. Plötzlich wie aus Geisterhand fährt der Sitz ein Stück nach vorne.

Er: „Gut so?"

Sie: „Ja."

Er: „Dann kann es ja jetzt losgehen."

Langsam fuhr sie los und fuhr den Wagen Richtung Heimat.

Er: „Ist noch Grün."

Sie: „Sehe ich auch."

Er: „Und warum wirst du langsamer?"

Sie: „Weil es gleich Rot wird."

Er: „Genau. Gleich. Nee jetzt. Hättest du noch schaffen können, wenn du ein wenig schneller gewesen wärst."

Die Fahrt ging dann bei Grün weiter.

Er: „Hier ist dreißig."

Sie: „Ich weiß."

Er: „Und warum fährst du 50?"

Sie: „Um die nächste Ampel noch bei Grün zu erwischen."

Er: „Erwischt wirst du von der Polizei, wenn du zu schnell fährst."

Sie wird langsamer und die Ampel schlägt auf Rot um.

Er: „Hier ist 70."

Sie: „Ich fahre 70."

Er: „Sehe ich. Aber du fährst im dritten Gang. Kannst ruhig früher hochschalten, sonst müssen wir noch tanken."

Sie: „Hör jetzt auf damit."

Er: „Womit?"

Sie: „Mit deinen doofen Kommentaren."

Er: „Ja, aber ich habe doch recht."

Kommentarlos fährt sie weiter.

Er: „Pass auf! Hier ist rechts vor links."

Er: „Du musst eher bremsen."

Sie: „Ich fahre genauso lange Auto wie du."

Dass er gerade sein Limit an angeblicher Kritik an ihren Fahrstil erreicht hat, bemerkt er leider nicht.

Er: „Der vor dir bremst."

Sie: „Ich auch."

ER: „Du bremst zu spät."

Sie: „Aber früh genug, um nicht drauf zu fahren."

Er: „Ich meine auch nur…"

Sie: „Wenn du nicht sofort aufhörst, steigst du aus

und kannst nach Hause laufen."

Zu Hause angekommen ging sie kommentarlos ins Haus und ins Badezimmer. Es dauerte ein wenig, bis sich die Badezimmertür wieder öffnete und sie nackt herauskam.

Sie: „Hallo Schatz. Guck mal, das hättest du heute Nacht noch haben können. Aber mit deinen dummen Kommentaren hast du das verspielt und das nicht nur für heute, sondern für die nächsten Wochen. Ach so und die nächsten Partys darfst du selber nach Hause fahren oder das Taxi bezahlen."

Ja Männer denkt daran, euch lieber bei der Autofahrt, in der sie den Wagen lenkt, mit euren Kommentaren zurückzuhalten. Denn zum Schluss zieht ihr den Kürzeren.

Das Männer einer attraktiven Frau, die ihnen über den Weg laufen nachschauen ist ja weltweit bekannt. Das ist den Frauen auch bewusst und sie spielen mit den Herren der Schöpfung. Sie präsentieren sich beim Laufen wie die Topmodels auf der Mailänder oder Pariser Modewoche. Sie genießen die Blicke der Männer und wissen um ihre Anziehungskraft. Ja schon Adam konnte Eva nicht widerstehen und wie dies endete, ist jedem bekannt. Frauen haben einfach diese Macht, Männer in ihren Bann zu ziehen und sie dann wie eine Marionette zu steuern. Zumindest in der Kennenlernphase und am Anfang einer Beziehung. Es lässt dann zwar später etwas nach, doch von ganz aufhören kann nicht die Rede sein. Sie wissen sich einzusetzen. Der Schmollmund ist dabei genauso ein Hilfsmittel wie das Wackeln mit dem Po. Um ihr Ziel zu erreichen, setzten die Damen die Waffen einer Frau ganz geschickt ein. Die Herren dieser Welt werden so von ihnen in ihre gewollte Richtung gelenkt.

Wie auch im folgenden Fall.

Er hat sich mit seiner Herzdame nach dem Kennenlernen zum ersten Mal verabredet.

Um 19 Uhr steht er mit seinem vorher noch von Innen und Außen geputzten Auto vor ihrer Haustür. Von ihr noch keine Spur. Er wartet kurz und der Nachrichtensender im Radio beendete die Nachrichten. Fünf nach Sieben. Alles noch kein Problem. Der erste und auch der zweite

Song nach den Nachrichten sind gespielt und er klopft mit den Fingern an das Lenkrad. Viertel nach Sieben. Er schaut sich im Rückspiegel sein Gesicht an, um für alle Fälle eventuelle Makel noch verschwinden lassen zu können. Die Stones schreien ihr Satisfaction aus den Lautsprechern und die Uhr zeigt 19:30 an. Jetzt greift er ungeduldig zum Handy. Keine neue Nachricht! Soll er oder soll er nicht? Er weiß nicht, ob er anrufen soll oder es lieber lassen soll. Nach einem weiteren Lied tippt er auf ihren Namen im Display und hört es am anderen Ende der Leitung tuten. Genau in diesem Moment öffnet sich die Haustür und er sieht, wie sie in ihrer Handtasche nach dem summenden Handy sucht. Schnell drückt er das Gespräch wieder weg. Bloß nicht unangenehm beim ersten Date auffallen. Sie sieht seinen eingegangenen Anruf und tippt über den Messengerdienst, dass sie unterwegs sei.

Selbstbewusst und grazienhaft kam sie sicheren Schrittes auf sein Auto zu. Schnell öffnete er die Wagentür und stieg aus seinem Auto.

Mit einem Kuss auf die Wange und folgenden Worten begrüßte sie ihn.

„Entschuldigung für die fünf Minuten Verspätung. Wartest du schon lange?"

Er: „Halb so schlimm waren ja nur ein paar Minuten." In Wirklichkeit ärgerte er sich über die Dreiviertelstunde, die er hier im Auto sitzend auf sie gewartet hatte.

Er öffnete ihr die Beifahrertür und ließ sie einsteigen. Als er die Tür danach schloss, sah er ihre wunderschönen Beine, die der hochgerutschte Rock jetzt freigab. Das war der Moment, der den Ärger vergessen ließ. Sie hatte bewusst eine ihrer Waffen geschickt eingesetzt. Als er dann neben ihr auf dem Fahrersitz saß, begann sie die Konversation.

Sie: „Du bist sehr verständnisvoll."

Er: „Du bist es Wert, ein paar Minuten zu warten."

Sie: „Oh, danke für das Kompliment."

Er. „Gerne." Und sah dabei auf ihre Beine.

Sie zupfte ein wenig an ihren Rock, doch so wirklich bekam sie ihn kein kleines Stück heruntergezogen. Ob sie das überhaupt wollte, weiß nur sie.

Er: „Und wo sollen wir hinfahren?"

Sie: „Da lass ich mich mal von dir überraschen."

Er: „Ok. Wie wäre es mit dem Irish Pub?"

Sie: „Hm, finde ich eigentlich nicht so gemütlich."

Er: „Dann ins Kino?"

Sie: „Nee, da kann man sich doch nicht unterhalten."

Er: „Wie wäre es mit dem neuen Laden, der vor kurzem in der City aufgemacht hat?"

Sie: „Da war ich letzten Freitag schon. Nicht wirklich mein Publikum dort."

Er: „Vielleicht etwas essen gehen?"

Sie: „Wo schlägst du vor?"

Er: „Der Edelitaliener in der Innenstadt?"

Sie: „Hört sich gut an."

Nach ein paar Minuten Fahrt parkte er das Auto auf einem der wenigen freien Parkplätze

und sie mussten die letzten fünf Minuten zu Fuß bewältigen. Doch bevor sie ausstieg, schaute sie noch in den Spiegel der Sonnenblende und zog den Lippenstift nach. Er hielt ihr die Autotür auf und sie hakte sich danach bei ihm ein. Ob sie das gemacht hat, um ihn an sich zu haben oder ob es nötig gewesen war wegen der hohen Pumps bleibt für ihn ein Geheimnis. Am Eingang hielt er ihr erneut die Tür auf und sie marschierte in das italienische Restaurant. Der Chef persönlich kam ihnen freudestrahlend zur Begrüßung entgegen und nannte sie sogar beim Namen. Sie war hier also bekannt. Das hatte sie ihm vorher nicht gesagt. Am Tisch unterhielten sich dann die beiden weiter.

Er: „Ich wusste nicht, dass du das Restaurant kennst."

Sie: „Ich war schon mal hier."

Er: „Der Chef nannte dich beim Namen!"

Sie: „Ich nehme einen Lambrusco."

Direkt danach fragte der Kellner sie mit italienischem Akzent: „Wie immer?"

Sie: „Si Alberto."

Er: „Ich nehme das Gleiche."

Sie stand auf, entschuldigte sich kurz und verschwand in den Bereich des Restaurants, der die Damentoilette beinhaltete.

Er überlegte währenddessen, warum sie ihn nicht die Wahrheit über ihre Besuche hier im Restaurant gesagt hatte. Erst die Warterei und nun die Unwahrheit dachte er noch als sie wiederkam. Er schaute sie lächelnd an und erkannte, dass der obere Knopf ihrer Bluse, der vorher noch zugeknöpft war, jetzt geöffnet war.

Sofort waren seine Gedanken gelöscht und er blickte auf ihr Dekolletee. Natürlich wusste sie das im Voraus und setzte erneut die Waffen einer Frau zum richtigen Zeitpunkt ein. Er hing jetzt schon an den Fäden, die sie zog. Er war ein Mann und konnte von Natur aus gar nicht anders. Frauen wissen das und spielen ihre Trümpfe immer gut durchdacht aus.

Sie: „Schmeckt es dir?"

Er: „Ja, sehr sogar."

Sie: „Könnte ich noch einen Wein bekommen?"

Er: „Natürlich. Den Gleichen?"

Sie: „Ja gerne."

Er: „Der Abend ist noch jung. Lust noch woanders hinzugehen?"

Sie: „Kommt darauf an, wohin."

Er: „Wohin möchtest du denn?"

Sie: „Tanzen?"

Er: „Und wo genau?"

Es war gegen 23 Uhr als sie die Discothek der Nachbarstadt erreichten. Gegen 2 Uhr in der Nacht taten ihr die Füße weh und sie verließen den Tanzpalast. Als er sie dann nach Hause fuhr, überlegte er, wie er sie zu einem weiteren Treffen animieren konnte.

Sie: „War ein schöner Abend."

Er: „Ja, fand ich auch."

Pause!

Er ganz mutig: „Können wir ja mal wiederholen?"

Sie: „Ja, könnten wir."

Ein eindeutiges Ja hört sich aber anders an, dachte er sofort und wurde etwas unsicher. Sie dagegen spielte wieder geschickt einen ihrer Joker aus. Sie zog an die Fäden.

Sie: „Ich muss jetzt nach oben."
Er. „Ok. Ich wünsche dir eine erholsame Restnacht."

Seine Gedanken rasten durch seinen Kopf, wie der ICE von Köln nach München. Wie sollte er sich jetzt verhalten? Sie stand nicht auf und wartete einen kleinen Augenblick auf seine Reaktion. Genau in dem Moment als er sie mit seinen ganzen aufgebrachten Mut küssen wollte,

hielt sie ihn ihre Wange hin und der Kuss wurde so neutralisiert. Mit den Worten, „wir telefonieren" stieg sie aus dem Auto und er konnte ihr nur hinterherschauen. Und wieder hatte sie gekonnt die Waffen einer Frau gekonnt ausgespielt und ihn zur wartenden Marionette gemacht.

Wir telefonieren, hatte sie gesagt. Doch was für eine Bedeutung sollten diese beiden Worte für ihn haben. Wollte sie, dass er sich bei ihr meldet oder wollte sie sich melden? Er wartete den ganzen nächsten Nachmittag, denn er war sich nicht sicher, wie er sich verhalten sollte. Wir telefonieren! Die zweite Frage, die sich für ihn auftat. Wann wollte sie mit ihm telefonieren? Wenn er zu früh anrief, würde sie seine Nervosität erkennen. Also die Gefühle unterdrücken, cool bleiben, zumindest nach außen und weiter das Handy die ganze Zeit anstarren. Doch egal wie lange er auf ihren Anruf wartete, er kam an diesem Nachmittag nicht mehr. Am Abend war es dann mit der Coolness vorbei. Er drückte den Button mit ihrer Nummer und hoffte, mit ihr Reden zu können.

Zu seinem Pech meldete sich die Mailbox von ihr. Er stotterte seinen Satz auf die elektronische Aufnahme und legte auf.

In der Nacht wälzte er sich im Bett hin und her. Seine Gedanken kreisten über ihn und ihr Gesicht lächelte ihn in seinen Vorstellungen an.

Sie dagegen spann in dieser Zeit weiter ihr Netz. Natürlich wollte sie ein weiteres Treffen mit ihm. Doch das musste er ja nicht erkennen oder wissen. Jetzt zumindest noch nicht. Sie wollte erobert werden und er musste ihr gefälligst den Hof machen. Sie war gespannt, wann er sich melden würde und gab ihn ein paar Tage. Sollte er sich dann nicht gemeldet haben, wäre die Sache für sie erledigt, denn dann hätte sie wohl keinen guten Eindruck bei ihm hinterlassen.

Am Abend dann meldete sich ihr Handy und sie schaute auf das Display. Da war er ja. Hat ja nicht lange gedauert. Er hat also angebissen. Doch sie ließ ihn zappeln und nahm das Gespräch nicht an. Noch nicht! Das Spiel ging also weiter.

Am nächsten Morgen rief sie ihn zurück.

Er: „Hallo?"

Sie: „Hi, habe gestern leider nicht mehr zurückrufen können."

Er: „Kein Problem."

Sie: „Schön das du dich so schnell gemeldet hast."

Er: „Ähm, ja. Hm. Dachte wir könnten ein wenig am Telefon reden."

Sie: „Oh, ich war mit Freunden aus."

Er: „Ach so. Ich war Zuhause."

Sie: „Können ja jetzt ein bischen quatschen."

Er: „Gerne."

Sie: „Habe aber nicht all zu viel Zeit."

Er: „Schade, aber besser ein paar Minuten als gar nicht sprechen."

Sie: „Genau."

Er. „Ich möchte dich gerne wiedersehen dürfen."

Sie: „Oh, o.k."

Er: „Wann würde es dir den passen?"

Sie. „Wann kannst du denn?"

Er: „Ich kann immer."

Sie lacht: „Wirklich immer?"

Er: „Ich meinte natürlich treffen und nicht was du jetzt dachtest."

Sie: „Oh, das ist aber schade."

Er: „Und nun?"

Sie: „Du darfst mich noch mal zum Essen ausführen. Freitag?"

Er: „Erst Freitag? Ist noch so lange bis dahin."

Sie: „Dann musst du dich eben noch bis dahin gedulden."

Und wieder sehen wir, dass die Dame bestimmt wie und wohin die Reise geht. Es muss nicht immer so sein, aber in den allermeisten Fällen ist es so.

Es geht aber weiter und noch immer gibt sie den Takt an. Er und sie sind sich sympathisch und haben eine Partnerschaft begonnen. Doch so gerne er ihr körperlich näher kommen würde, außer den üblichen Abschieds- und Begrüßungskuss war bis jetzt für ihn nichts zu holen. Sie bestimmt auch das Thema

„Beischlaf". Wenn es nach ihm gegangen wäre, wären sie nach dem zweiten Treffen im Bett gelandet. Aber es geht nicht nach ihm, sondern nach ihr. Sie gibt das Kommando an, wann sie sich körperlich wie nah kommen werden. Es kann sein, dass es Frauen gibt, die wirklich beim ersten oder zweiten Date mit dem

Mann im Bett landen, doch erfahrungsgemäß dauert es ein wenig länger bis die Frau ihn in ihr Bett einlädt.

Bis dahin heißt es für die meisten Männer geduldig bleiben und weiter um sie werben.

Obwohl, dieses Thema wird kein Mann überblicken. Frauen tun immer so, als wenn sie dem Mann einen Gefallen bereiten würden. Doch kommt es dann zum Beischlaf und ist dieser schön, bekommen auch die Damen nicht genug davon. Vorher zieren sie sich, lassen den Kerl zappeln und später gibt es auch von ihnen keine Zurückhaltung mehr. Welcher Mann soll da noch durchblicken?

Aber so sind sie nun mal, unsere Frauen. Sagen Ja und meinen Nein. Sagen links und fahren rechts.

Er: „Schatz, ich bin wieder da."

Sie: „Hm."

Er: „Hm? Ist irgendetwas?"

Sie. „Nee."

Er: „Ich sehe doch, dass etwas nicht stimmt."

Sie: „Ist nichts."

Er. „Ich weiß, dass etwas ist. Dafür kenne ich dich zu gut."

Sie: „Ach, lass mich doch einfach in Ruhe."

Er: „Was ist los?"

Sie: „Ich habe nichts."

Schmollmund.

Er: „Was habe ich dieses Mal falsch gemacht?"

Sie: „Nichts. Du machst nie was falsch."

Er: „Muss ich das jetzt verstehen?"

Sie: „Du verstehst nie etwas."

Er: „Komisch. Als ich vorhin zum Fußball das Haus verlassen habe, war doch noch alles in Ordnung und nun das Theater."

Sie: „Ich mache kein Theater."

Er: „Was denn?"

Sie: „Überlege mal!"

So oder ähnlich spielt es sich sicher hunderttausendmal am Tag in Deutschland ab. Muss der Mann das verstehen? Jede Frau wird mir mit ja natürlich antworten und die Kerle zucken nur mit den Schultern. Die Thematik ist sehr schwierig und sollte mit Fingerspitzengefühl behandelt werden. Doch das klappt oft nicht. Jetzt kommt die Frage auf. Warum nicht? Ich kann es auch nicht beantworten. Vielleicht sind wir wirklich zwei unterschiedliche Wesen und nicht von einer Art. Zumindest vom Kopf her wird es so sein. Doch egal was auch passiert und wie unterschiedlich unsere Gefühle und unser Denken ist, ohne den Partner geht es auch nicht. Wir lieben uns ja. Da passt der Spruch: Mit geht nicht, ohne aber auch nicht.

Jeder kennt den Spruch „kleine Hunde bellen, beißen aber nicht".

Ähnlich ist es bei vielen kleinen Männern. Die bellen auch. Wie ich das meine? Meine Erklärung ist ganz einfach. Die kleinen Jungs sind von Anfang an im Hintertreffen. Die anderen Kinder bevorzugen als Vorbilder die größeren Jungs. Egal, ob beim Sportunterricht die Wahl der Mannschaften ansteht oder bei den gleichaltrigen Mädchen das Interesse geweckt werden soll, immer werden die reiferen und größeren Jungs von den anderen Kindern den Vorzug bekommen. Das war so und wird auch immer so bleiben. Deshalb müssen die kleineren Jungs mit Dingen auftrumpfen, die sie besser beherrschen als ihre große Konkurrenz. Ihre Leistung in der Schule zum Beispiel könnte besser sein als von den halbstarken Jugendlichen. Im körperlichen Kräftemessen sind sie auch unterlegen und das ist im jugendlichen Alter ziemlich deprimierend für die unterlegenden Jungen. Wie also können diese kleinen Männer jetzt in ihrem Umfeld punkten? Indem sie den Mund aufmachen und mit ihren Trümpfen die Aufmerksamkeit der anderen Leute auf sich ziehen. Doch Vorsicht ist geboten! Schnell bekommen die dann unterlegenden großen Jungs das „Besserwissen" in den falschen Hals und dann kann es eine Abreibung geben. Deshalb nicht auf Kosten der Stärkeren prahlen.

Das ist genau der Punkt, an dem Fingerspitzengefühl gefragt ist. Schnell wird man als Besserwisser abgestempelt und ist dann wieder raus aus dem Mittelpunkt. Das ist genau das Problem, dass viele kleine Männer besitzen. Sie machen zu oft den Mund zu laut auf, um zu prahlen und so mit den anderen Jungs mithalten zu können. Man muss oder soll nicht bei jedem Thema immer das letzte Wort haben. Alles weiß noch nicht einmal der liebe Gott. Warum gibt es dann so viele Männer, die immer recht haben wollen? Sie wollen eben auch glänzen. Der kleine Hund bellt darum und der große Hund, seiner Überlegenheit bewusst, schaut nur uninteressiert

Noch schlimmer als kleine Männer können aber Frauen in Männerberufen und deren Führungspositionen sein. Diese Frauen haben sich gegen die körperlich stärkeren Männer durchgesetzt und sitzen nun auf einem Posten, der ihnen eine gewisse Macht einbringt. Viele, nicht alle, dieser Damen haben sich in der Welt der Männer mit viel Fleiß und noch mehr Ellenbogen durchgesetzt. Einige davon lassen es den männlichen Untergebenen dann auch heftig spüren. Das beste

Beispiel war unsere Bundeskanzlerin. Sie hat keine Kritik an sich geduldet und ist unbeirrbar, ohne Rücksicht auf

Verluste ihren Weg gegangen. Diese Frauen, es gibt aber auch genügend Männer die genauso sind, akzeptieren nur eine von Oben-nach Unten-Hierarchie. Es muss nicht sein, aber meine Erfahrungen waren oft so, wie ich es in den letzten Sätzen beschrieben habe. Diese Damen machen vielen der Männer Angst. Privat kann es dann plötzlich ganz anders kommen und die beruflich so dominanten Frauen sind einfühlsam und offen für ihr Umfeld.

Es wurde in den Jahren der Menschheit ja nicht nur über Männer und Frauen erzählt oder geschrieben. Gesungen wurde auch über die beiden Geschlechter und einen Song von der deutschen Punk-Rock-Band „die Ärzte" gibt in ihrem Songtext satirisch wieder, was wir in unserem Leben alle schon erfahren haben.

Im Refrain heißt es:

Männer und Frauen sind das nackte Grauen,
wie sie sich stundenlang tief in die Augen schauen.
Und die Frauen anderen Frauen ihre Männer klauen.
Und die Männer an den Frauen ihren Frust abbauen.
Denn Männern und Frauen ist zuzutrauen,
dass sie sich gegenseitig gerne die Nacht versauen.

Wenn sie schmachten bis zum Morgengrauen
Und dann doch wieder allein nach Hause abhauen.

Stimmt das, was die Ärzte da so ihrem Publikum vorsingen? Sind wir ehrlich. Natürlich kann es sein, dass ein junges Pärchen, Mann oder Frau in jungen Jahren noch nicht mit dem Gesungenen konfrontiert worden ist. Doch bei den meisten Menschen, die das jugendliche Alter hinter sich gelassen haben, trifft der Text schon zu.

Natürlich klauen Frauen anderen Frauen den Mann. Warum gibt es denn die zahlreichen sogenannten Kegeltouren? Im Sambazug nach Nirgendwo, nur um dem Alkohol zu frönen und sich dem anderen Geschlecht hinzugeben. Ohne Rücksicht auf das, was vor dem Einstieg in den sogenannten Sambazug gewesen ist, wird dort ohne Hirn gefeiert und noch mehr. Die Zugtoiletten sind ständig mit sich dort kennengelernten Pärchen besetzt. Wer dort wirklich Wasser lassen muss, hat lange Zeit das Nachsehen bis die Toilette wieder frei geworden ist. Steigt dann der Alkoholpegel im Blut noch weiter an, wird auch das Zugabteil für die geschlechtliche Vereinigung benutzt. Die Zuschauer werden dabei von den Akteuren einfach übersehen.

Natürlich können die Frauen anderen Frauen die Männer nur deshalb klauen, weil die Kerle es so wollen und zulassen. Es gibt hier keine Schuldzuweisung zu irgendeinem Geschlecht. Mann und Frau schauen sich in die Augen und für das, was dann später passieren könnte, gehören immer mindestens zwei Personen.

Früher gab es Mann und Frau. Punkt, fertig. Heute sieht die Sache ein wenig anders aus. In der Neuzeit hat sich trotz vieler Proteste, wie zum Beispiel von der römisch-katholischen Kirche oder konservativen Gruppierungen in allen Gesellschaften ein drittes Geschlecht durchgesetzt.
Die sogenannten Transgender, die ich hier noch gar nicht erwähnt habe. Ich versuche es einfach mal kurz und bündig zu beschreiben. Ein Transgender steckt von seiner Psyche seit seiner Geburt im falschen Körper. Der oder die Transgender lebt also zum Beispiel in einem männlichen Körper, denkt, handelt und fühlt sich aber als Frau oder natürlich umgekehrt. Doch dieses Thema ist in diesem Buch nicht relevant und wird daher nicht weiter beschrieben.

Was ist das schönste Gefühl zwischen Frau und Mann? Genau, die Liebe. Es gibt nichts Schöneres, als frisch verliebt zu sein. Die Schmetterlinge flattern im Bauch und jeder Tag füllt die Liebenden mit guter Laune und mit sehr viel Sonnenschein. Nachts leuchten einem die Sterne besonders hell und tagsüber übersieht man die dunklen Regenwolken. Nichts kann dem trauten Glück etwas antun, rein gar nichts. Dies ist der Moment, indem sich Frau und Mann nichts anderes vorstellen können, als für immer glücklich miteinander zu sein. Er übersieht in dieser Zeit ihre Unpünktlichkeit und die langen Haare im Waschbecken. Sie kocht gerne für ihn, ohne dass er mithilft. Es reicht ihr, wenn er ihr bestätigt, dass er noch nie so gut wie bei ihr gegessen hat. Kleinigkeiten genügen in dieser Phase der Zweisamkeit schon aus, um die Herzen mit Glück und Liebe zu füllen. Nie mehr ohne den anderen zu sein, kann sich das Pärchen nicht mehr vorstellen.

Ja, die Liebe lässt niemanden mehr klar denken. Die Rationalität und die Wirklichkeit werden von der frischen Liebe beiseite geschoben.

Erst nach dieser ersten Phase der Verliebtheit, fallen den Partnern dann Dinge auf, die vorher zwar auch da gewesen sind, jedoch einfach übersehen und nicht wahrgenommen wurden.

Er: „Schatz?"

Sie: „Ja!"

Er: „Das Wasser im Waschbecken läuft nicht mehr ab!"

Sie: „Und was kann ich dafür?"

Er: „Es sind deine Haare, die du nie aus dem Waschbecken nimmst, die den Abfluss verstopfen."

Sie: „Das behauptest du so einfach."

Er: „Es ist schon das dritte Mal, dass ich den Abfluss dieses Jahr frei machen muss."

Sie: „Ich wäre froh, wenn du mir schon dreimal dieses Jahr in der Küche geholfen hättest."

Er: „Habe ich doch."

Sie: „Wann?"

Er: „Weihnachten."

Sie: „Oh, stimmt. Habe ich ganz vergessen. Du warst so nett und hast den Braten angeschnitten."

Jetzt sollte einer der beiden Partner einsichtig sein und diesen Dialog nicht mehr weiterführen. Gelingt dies nicht, führt jedes weitere Wort zum Streit.

Er: „Ich habe die Verstopfung gelöst. Alles ist wieder gut. War nicht böse von mir gemeint, mein Schatz. Ich liebe dich."

Sie: „Du bist der beste Mann der Welt. Ich koche doch auch gerne für dich und liebe dich auch genauso wie du mich liebst."

So oder ähnlich würde die Unterhaltung enden, wenn das Pärchen frisch verliebt wäre. Leider ist es meistens nicht so und die Liebe bedeckt auf einmal nicht mehr das, was einem an dem Partner stört. Es fallen dann manchmal Sätze, die den anderen verletzen. Schnell

spricht man in der Wut heraus, was einem stört, ohne über die Konsequenzen nachgedacht zu haben.

In unserem Fall, legt er ihr die Verstopfung, die überwiegend aus ihren Haaren besteht auf den Küchentisch. Sie sieht das, schreit ihn an, dass es ekelig ist und nichts auf den Tisch zu suchen hätte. Ihn stört ihr Geschwätz nicht, dreht sich um und schleicht sich aus der Küche. Sie jetzt richtig wütend, nimmt den Dreck und wirft es ihm in den Nacken. Nichts mehr mit Schatz und ich liebe dich. Der Alltag hat unser Pärchen eingeholt und viele Beziehungen überstehen diese Phase nicht.

Was danach kommen könnte, kennt jeder. Trennung und Liebeskummer.

Genau. Liebeskummer! Es gibt zwei Arten von Liebeskummer. Die Erste wäre die, dass jemand in eine andere Person verliebt ist und seine Liebe nicht erwidert wird. In unserm Beispiel trifft aber der zweite Fall ein. Man hatte eine Vorstellung von dem Partner und war in diese verliebt. Doch die Realität sieht dann nach der ersten Verliebtheit oft anders aus. Der Partner trennt sich und zurückbleibt der verlassene Part und schwelgt im Liebeskummer.

Liebeskummer kennt auch jeder. Es ist das schrecklichste Gefühl, von dem eine Person befallen sein kann. Man fällt in ein mentales Loch und meint darin sterben zu müssen. Ein Leben ohne den verlorenen Partner macht keinen Sinn und das Gefühl verlassen worden zu sein, raubt demjenigen völlig den Verstand. Nichts scheint mehr wichtig. Den Alltag zu

überstehen ist kaum zu schaffen und abends liegt man mit Tränen, alleine, grübelnd im Bett. Der Liebeskummer bohrt sich, wie ein scharfes Messer ins Herz des Leidenden. Hoffnungslosigkeit macht sich breit und übernimmt in dieser Zeit das Kommando. Aber die Zeit heilt bekanntlich alle Wunden und so auch den Liebeskummer. Mit den darauffolgenden Wochen schwächt er sich immer mehr ab und irgendwann bekommt der an Liebeskummer Leidende wieder ein Lächeln vom anderen Geschlecht geschenkt. Das ist der Moment, in dem die Hoffnungslosigkeit schwindet und der Liebeskummer Platz für eine neue Phase der Verliebtheit macht.

Durch Zufall begegnet sich das frühere Paar irgendwo.

Sie: „Hallo. Wie geht es dir?"

Er: „Geht so!"

Sie: „Ich habe gehört, du hast eine neue Freundin?"

Er. „Kann man so nicht sagen."

Sie: „Wie kann man es denn sagen?"

Er: „Ist doch egal. Geht dich ja nichts mehr an."

Sie: „Das ging ja ziemlich schnell."

Er: „Du hast mich verlassen und stellst mich nun an den Pranger?"

Sie: „Dann frage dich mal warum."

Er: „Keine Ahnung."

Sie: „Na klar, wie immer."

Er: „Ich verstehe dich irgendwie nicht. Du hast dich getrennt. Dich nicht gemeldet und bist jetzt eifersüchtig.

Was soll das?"

Sie: „Wie kommst du darauf, dass ich eifersüchtig sein sollte?"

Er: „Wegen deiner Worte."

Sie: „Ach vergiss es einfach. Wünsche dir noch einen schönen Tag."

Sie dreht sich um und lässt ihn dumm da stehen, wo er gerade ist.

Wie sehr hätte er sich in der Phase seines Liebeskummers gewünscht, sie zu treffen und mit ihr zu reden. Jetzt, wo er gerade wieder Licht am Horizont sieht, er den Liebeskummer bewältigt hat, da kommt sie auf ein Mal und macht ihn noch Vorwürfe. Welcher Mann soll das verstehen?

Und wieder stellt sich die Frage: Passen Frauen und Männer eigentlich zusammen?

Egal, ob Mann oder Frau, alle beide suchen die Geborgenheit. Dafür geben sie ihre Freiheit und Unabhängigkeit auf.

Wie schon vor einigen Seiten beschrieben. Er wünscht sich die Frau nach seinen Vorstellungen und meint, sie wird sich nach seinen Wünschen mit der Zeit ändert.

Die gleiche Denkweise spukt auch im Kopf der Frau herum, doch der Mann wird seine bisherigen Gewohnheiten sehr schlecht oder überhaupt nicht ändern.

Fremdgehen! Dieses Wort fürchten Männer genauso wie die Frauen. Niemand möchte, dass sein Partner oder Partnerin sich nach anderen Männern oder Frauen umsieht oder noch weiter geht und eine sexuelle Beziehung in der Partnerschaft eingeht. Gesagt zu bekommen: „Du Schatz, ich habe da jemanden kennengelernt" ist das Schlimmste für den betrogenen Partner, das passieren kann. Doch kommen wir zu der Frage: Warum gehen wir eigentlich fremd? Die Antwort ist meistens so unterschiedlich wie Frau und Mann eben anders sind. Schaut sie sich in ihrer noch bestehenden Beziehung nach einem Seitensprung um, hat das meist den Grund, dass sie sich nicht mehr von ihrem Partner begehrt fühlt. Frauen wollen reden und Verständnis von ihrem Partner ernten. Zuhören ist zwar nicht die starke Seite von uns Männern, aber für Frauen eine Grundvoraussetzung für eine intakte Beziehung. Deshalb, egal wie schwer es auch manchmal fällt, die Männer sollten Geduld üben und zumindest versuchen zuzuhören.

Ich weiß, es kann verdammt schwierig mit dem Zuhören werden, doch eure Frauen verlangen dies von euch. Nur so steht die Tür zum Glück für die Männer ein Stück weit auf und ist nicht verschlossen. Obwohl ich die letzten Sätze geschrieben habe, lebe ich auch nicht so, wie ich es eben erklärt habe. Sehr zu dem Leidwesen meiner Frau. Sollte der Orgasmus der Dame in der Partnerschaft schon lange Zeit her sein und sie ihn nun durch den Seitensprung wieder kennengelernt haben, war es das meist mit der Partnerschaft. Schenkt euren Frauen jeden Tag ein Lächeln. Gebt ihr die Gewissheit, sie ist die einzige Frau, die ihr wollt und begehrt. Geht auf ihre Bedürfnisse ein und seit ihr gegenüber nicht egoistisch, dann ist die Chance sehr gering, dass sie sich auf einen Seitensprung einlässt. Doch klar ist aber auch, die Damen dieser Welt gehen fremd, genauso wie die Männer.

Wo beginnt das Fremdgehen eigentlich?

Ist ein heimliches Schreiben, ohne das Wissen des Partners schon Fremdgehen?

Über die unzähligen Messengerdienste im Internet wird es den Fremdgehern ja auch leicht gemacht und sogar gefördert.

Männer lassen sich vornehmlich wegen der sexuellen Gier auf einen Seitensprung ein.

Das Erbgut weitergeben liegt in den Genen des Mannes. Für einen Mann ist es schwieriger als für eine Frau ein klares Angebot zum Fremdgehen abzuschlagen. Deshalb wird auch oft darüber gesprochen, dass der Mann sein Gehirn in der Hose trägt. Eine weitere Kerbe einzuritzen, gilt unter Männern als Heldentat. Je mehr Kerben der Herr in seinem Leben erreicht, desto höher wird er von seinen männlichen Kollegen geschätzt oder sogar verehrt.

Bei einer Frau sieht die Sache allerdings anders aus. Wer jetzt denkt, Gleiches mit Gleichem vergleichen zu können, der irrt gewaltig. Die Dame mit vielen Kerben wird oft genug als Hure abgestempelt. So ist es in unserer Gesellschaft nun mal. Er darf sich amüsieren und wird unter Männern deswegen verehrt, während sie von oben nach unten, hinter vorgehaltener Hand angesehen werden würde.

Erst mit Beginn der Industrialisierung, also in der Neuzeit, kämpften die Frauen um ihre Gleichberechtigung und setzten sich zumindest in der modernen Welt des Westens durch. Leider gibt es aber auch heute noch Regionen, in deren Ländern Frauen kaum Rechte besitzen. Frauen gehen dort, wie bei uns früher auch, von der Leibeigenschaft als Tochter in die Leibeigenschaft der Ehefrau über. Zuerst bestimmt der Vater und danach der Ehemann über das Leben der Frau. Diese Männer entscheiden, wie die Frau zu leben hat. Vor noch nicht allzu langer Zeit waren Frauen auch in den Industriestaaten gesetzlich dem Manne unterstellt.

Sie: „Schatz?"
Er: „Ja."
Sie: „Ich möchte gerne arbeiten gehen und selber Geld verdienen."

Er verschluckt sich gerade an seinem Kaffee und braucht einen Moment, um sich wieder zu fangen.

Er: „Wie kommst du denn auf solche Ideen?"

Sie: „Ich habe in der Zeitung gelesen, dass Frauen jetzt um ihre Gleichberechtigung kämpfen und protestierend auf die Straße gehen."

Er: „Das hat man nun davon, wenn man Frauen das Lesen beibringt."

Sie: „Warum sagst du das?"

Er: „Bisher habe ich hier in dieser Familie für das Wohl gesorgt und es wird auch immer so bleiben. Frauen gehören in die Küche und sind für den Haushalt und die Kindeserziehung zuständig."

Sie: „Aber ich..."

Er unterbricht sie: „Nichts aber. Was erlaubst du dir überhaupt so etwas zu fragen? Ich glaube dir deine Flausen im Kopf mit körperlicher Gewalt heraus prügeln zu müssen."

Ja, der Mann durfte seine Frau gesetzlich verprügeln, wenn sie nicht funktionierte, wie von ihm gewollt.

Er: „Mit euch Frauenrechtlerinnen wird es immer schlimmer. Demnächst wollt ihr auch noch wählen gehen."

Sie: „Ja, warum denn eigentlich nicht?"

Er: „Jetzt wirst du dreist und unverschämt."

Sie: „Ich bin ein Mensch wie du und möchte die gleichen Rechte haben wie ihr Männer."

Er: „Das wird ja immer besser. Wie kommst du auf die Idee, jemals wählen gehen zu dürfen? Die Wahl ist das Privileg der Männer. Davon haben Frauen keine

Ahnung."

Sie: „Ich meine ja nur…"

Er fällt ihr wieder ins Wort: „Ich werde dir jetzt etwas sagen und dann will ich davon nichts mehr hören. Bevor auch nur eine Frau zur Wahl zugelassen wird, trocknet der Atlantische Ozean aus."

Heute wissen wir es natürlich besser. Was damals unvorstellbar gewesen war, ist jetzt völlig normal. Frauen haben durch ihre jahrzehntelangen Protestbewegungen gegenüber den Männern stark gemacht und die Gleichberechtigung durchgesetzt. Sie haben nicht nur die gleichen Rechte, wie die Herren auf diesen Planeten, sie dürfen heute wählen und auch gewählt werden. Es gab schon mächtige Frauen, die politisch erfolgreich waren. Maggi Thatcher oder Angela Merkel lassen grüßen.

In früheren Zeiten hatten die Ehefrauen Pflichten. Eine dieser Pflichten war, wenn der Ehemann Sex wollte, ihm diesen nicht zu verwehren. Vergewaltigungen waren an der Tagesordnung und konnten in der Ehe nicht zur Anzeige gebracht werden. Der Mann war in der Ehe gesetzlich geschützt. Heutzutage kaum zu glauben, aber so war es früher bei uns und in vielen Ländern dieser Welt ist es heute immer noch so. Blicken wir einfach mal in die zweitgrößte Bevölkerung des Globusses, nämlich nach Indien.

Hier müssen Töchter zur Hochzeit eine Mitgift in die Ehe bringen, die den finanziellen Rahmen der Eltern sprengt. Was machen viele der Väter dort nach der

Geburt? Ein Junge wird der Familie stolz präsentiert, während viele Töchter im Ganges ertrunken werden. Mittlerweile ist es in Indien so schlimm, das die natürliche Frauenquote so von dem indischen Volk durch das Töten der weiblichen Babys beeinflusst wurde, dass es rechnerisch nicht mehr für jeden Mann eine Frau gibt. Der sexuelle Trieb des Mannes führt dann oft zu Massenvergewaltigungen in einem Land, dass sich Atommacht nennen darf. Es gibt noch genügend andere Beispiele, die ich aber hier nicht alle beschreiben möchte.

Die Frau wird oder die meisten Frauen möchten Mütter werden. Männer werden Väter, ob sie es wollen oder nicht. Mutter und Vater. Beides sind Eltern eines oder mehrerer Kinder. Doch damit hat es sich auch schon. Die Mama ist dem Kind in den meisten Fällen näher als der Vater. Fällt das Kind hin, schreit es nach seiner Mama und weniger nach dem Papa. Warum ist das so? Ganz einfach. Der Embryo wächst in dem Bauch der Frau zum Baby heran. Neun Monate fühlt, riecht und schmeckt das Baby die Mutter. Mutter und Kind sind in dieser Zeit eins. Der Vater kommt ja erst bei der Geburt hinzu. Das Baby wird von der Mama ernährt und in den Schlaf gesungen. Mamas Stimme wirkt beruhigend und das schon während der gesamten Schwangerschaft. Der Erzeuger spendet nur seinen Samen, der die Eizelle befruchtet. Das Baby ist dann bei der Geburt aus dem Fleisch und Blut der Mutter. Deshalb ist die

Bindung zur Mutter enger als zum Vater und das bis ins hohe Erwachsenenalter. Natürlich liebt das Kind beide Elternteile und wird auch von beiden geliebt, doch der Bezug zur Mama ist größer als der zum Papa. Ausnahmen gibt es natürlich auch, doch meistens ist der Vater nur die Nummer 2. Möchte der Mann die Nummer eins sein, sollte er sich einen Hund anschaffen.

Frauen sind schön, einfach nur schön.
Sie sind einfühlsam und irrational. Frauen handeln nach Gefühl und verlassen sich auf ihr Bauchgefühl. Frauen haben einen begehrenswerten Körper und bringen den Mann um den Verstand. Sie wollen, nein, sie verlangen unerschütterliche Liebe von ihrem Partner. Sie kümmern sich um den Haushalt, die Kinder und gehen meist auch noch einer Arbeit nach. Frauen geben gerne und aufopferungsvoll, wenn sie spüren, dass sie geliebt werden. Mit Liebe gelingt es dem Mann, sich in ihr Herz einzunisten. Sie halten von Anfang an Ausschau nach einem sicheren Hafen. Deshalb sagt man auch, wer vermögend ist, hat es leichter bei den Frauen. Früher im Steinzeitalter musste der Partner der Frau ein guter Jäger mit einer schützenden Höhle sein. Es gab damals kein Geld und der Mann sorgte durch die Jagd, dass niemand aus der Familie Hunger leiden musste. Zum Schutz vor wilden Tieren, vor Unwettern und vor Feinden aus anderen Sippen musste der Mann ihr Obhut in einer

schützenden Höhle geben. Heute gibt das von dem Mann verdiente Geld den Schutz für Frau und Kind. Mit Geld lässt sich Nahrung und ein Haus zum Schutz kaufen. Deshalb liegt es in der Natur der Frau wohlhabende Männer zu bevorzugen.

Männer ticken anders. Nicht das Vermögen, sondern das Aussehen einer Frau bestimmt die erste Begeisterung. Wackelt die Dame mit dem Po und streckt dem Mann ihren Busen lächelnd provokant entgegen, ist es um ihn geschehen. Er kann gar nicht anders, als sabbernd den von ihr ausgelegten Köder zu schlucken.

Männer besitzen gegenüber Frauen einen nicht so tollen Körper. Nicht wie bei ihr glatt und zart, ist er eher grob und behaart.

Sie denken oft rational und handeln dementsprechend. Männer verlassen sich eher auf Fakten, als wie die Frau auf ihre Intuition. Es gibt noch tausende andere Unterschiede zwischen den beiden Geschlechtern und alle aufzuzählen wäre unmöglich. Aber trotz der ganzen Unterschiede oder vielleicht auch genau deswegen suchen und finden Frau und Mann zusammen. Um dabei ein einigermaßen gutes Zusammenleben zu garantieren, müssen beide Seiten bereit sein, auf den jeweiligen Partner zuzugehen und Kompromisse einzugehen. Ohne das Verständnis des anderen kann keine Ehe funktionieren.

50 % Scheidungsrate bei den Neuehen in Deutschland

sprechen eine eigene Sprache. Die moderne Welt fordert dabei ihren Tribut. Gleichberechtigung, Scheidungsraten, Unterhaltszahlungen und das Teilen der Erziehung gemeinsamer Kinder, machen eine Trennung viel einfacher als noch vor dem Industriezeitalter.

Sie: „Schatz?"
Er: „Was gibt es denn?
Sie: „Liebst du mich noch?"
Er: „Das weißt du doch."
Sie: „Warum sagst du es mir dann nie, dass du mich liebst?"
Er: „Ich bin doch mit dir zusammen, oder?"
Sie: „Ja genau."
Er: „Was bedeutet das denn schon wieder?"
Sie: „Nichts."
Er: „Wenn du nichts sagst, ist irgendwas."
Sie: „Is nix."

Pause!

Sie: „Du fragst auch nicht mal nach."
Er: „Was denn?"
Sie: „Wenn du das nicht weißt, kann ich dir auch nicht helfen."
Er: „Sage doch einfach, was los ist."

Pause!

Sie: „Heike und Tobias heiraten."

Er: „Hat sie ihn jetzt soweit?"

Sie: „Heike ist schwanger."

Er: „Das war mir von vornherein klar."

Sie: „Was meinst du damit?"

Er: „Sie wollte ihn ja schon immer fest an sich binden und das hat sie jetzt geschafft, indem sie ihm ein Baby unterjubelt."

Sie: „Ist das wirklich deine Meinung?"

Er: „Das weiß doch jeder, der die Beiden kennt."

Sie: „Du bist ein Arsch!"

Er: „Wieso?"

Sie: „Eigentlich sollte ich dich verlassen."

Er: „Was habe ich denn getan, dass du gehen willst?"

Sie: „Überlege mal genau, vielleicht fällt es dir ja ein."

Er: „Ich weiß nicht, was du meinst."

Sie: „Du weißt nie, was ich meine."

Er: „Warum sagst du das immer?"

Sie: „Wie lange sind wir schon zusammen?"

Er: „Hm, 5 Jahre."

Sie: „Nee. Wir sind 7 Jahre, 3 Monate und 2 Tage zusammen. Wir haben seit 4 Jahren eine gemeinsame Wohnung."

Er: „Und was soll das jetzt?"

Sie: „Ich putze für dich. Ich wasche deine Wäsche. Stehe jeden Tag in der Küche, um zu kochen. Bin immer für dich da und schlafe mit dir."

Er: „Das weiß ich doch alles."

Sie: „Ach so."

Er: „Was willst du denn von mir?"

Sie: „Ich will gar nichts."

Er: „Ich bin doch nicht blöd."

Sie: „Nicht?"

Er: „Suchst du Streit?"

Sie: „Nee, aber du."

Er: „Ich habe doch gar nichts gemacht."

Sie: „Nee, du machst nie was. Schaffst es ja noch nicht mal den Müll mit nach unten mitzunehmen."

Er: „Deshalb das ganze Theater?"

Sie: „Ist kein Theater."

Er: „Sag schon, was du hast."

Sie: „Wenn du das nach über sieben Jahren noch nicht weißt, kann ich dir auch nicht helfen."

Er: „Euch Frauen soll mal einer verstehen."

Sie: „Ich weiß, dass du keine Frauen verstehst. Bist ja ein dummer Mann."

Er: „So langsam werde ich wütend."

Sie: „Wie immer, wenn es dir nicht passt."

Pause!

Sie: „Wie lange soll ich eigentlich noch warten?"

Er: „Worauf warten?"

Sie: „Dann überlege mal ganz genau."

Er: „Ich kann nicht mehr. Bitte sage mir, was dir auf dem Herzen liegt."

Sie: „Heike ist die Letzte aus meinem Bekanntenkreis die heiratet."
Er: „Na und."
Sie: „Nur ich bin dann noch Single."
Er: „Du wolltest doch nicht heiraten."
Sie: „Das habe ich vor sieben Jahren gesagt."
Er: „Ich dachte immer, wir wären glücklich zusammen so wie es ist."
Sie: „Dann denke mal weiter."

Kommt ihnen der Dialog oder eine ähnliche Unterhaltung bekannt vor? Und schon wieder fährt die Frau von Frankfurt über Hamburg nach München. Frauen haben nun mal die Angewohnheit, nicht direkt auf den Punkt zu kommen und holen dabei groß aus. Hier ging es jetzt ums heiraten. Egal was die Dame am Anfang einer Beziehung sagt, sind sie länger mit einem Partner zusammen, wollen sie auch heiraten. Wie schon vorher erwähnt, ist das Ziel der meisten Frauen ein sicheres Zuhause. Haus, Hof, einen treuen Ehegatten, Kinder und Familie, das wünschen sich fast alle Frauen. Das sollte allen Männern einleuchten, wenn sie eine feste Bindung eingehen.
Männer dagegen müssen nicht heiraten. Ihnen reicht die sogenannte wilde Ehe. Eine Partnerschaft ohne Trauschein. Sie fühlen sich bei einer Hochzeit oft ihrer Freiheit beraubt. Die Angst eine nicht tragbare Last auf den Schultern auferlegt bekommen zu haben, lässt Männer anders über das Ja-Wort als Frauen denken.

Mit diesen Zeilen werde ich wieder ins Wespennest gestochen haben und der Aufschrei sowie die Kritik des Unrechthabens wird mir mit Orkanstärke ins Gesicht blasen. Doch meine Meinung habe ich nicht einfach erfunden. Es ist die Erfahrung zahlreicher Unterhaltungen und Diskussionen im erweiterten Bekanntenkreis. Natürlich gibt dies kein Mann vor seiner Herzdame zu, doch in der Anonymität werden die meisten Männer meine Worte ehrlich bestätigen.

Er: „Schatz, was machen wir Weihnachten?"
Sie: „Wieso fragst du das?"
Er: „Weihnachten ist in drei Wochen."
Sie: „Wie die letzten Jahre. Wir gehen Heiligabend zu meinen Eltern."
Er: „Schon wieder?"
Sie: „Das hat doch schon Tradition."
Er: „Hm!"
Sie: „Was bedeutet dein Hm?"
Er: „Nichts."
Sie: „Seit wann gefällt es dir bei meinen Eltern nicht mehr? Meine Brüder sind mit ihrem Anhang auch da."
Er: „Davon gehe ich aus."
Sie: „Meine Brüder stören dich jetzt plötzlich auch?"
Er: „Das habe ich nicht gesagt."
Sie: „Aber gemeint."
Er: „Wir könnten doch auch mal zu meinen Eltern am Heiligen Abend fahren."
Sie: „Zu spät. Ich habe schon vor Wochen meiner Mutter zugesagt."
Er: „Ohne mit mir zu reden?"
Sie: „Ja genau. Wir sind doch immer da."

Er: „Weil du es jedesmal einfach bestimmst."

Sie: „Muss ich das jetzt verstehen?"

Er: „Nee musst du nicht. Hauptsache ich verstehe immer."

Sie: „Was gibt es da denn zu verstehen?"

Er: „Wir sagten doch letztes Jahr, wir schenken uns nichts mehr untereinander, oder?"

Sie: „Eigentlich ja."

Er: „Siehst du! Und letztes Jahr war ich dann der Idiot."

Sie: „Warum sagst du das?"

Er: "Weil ich der Einzige war, der sich an die Abmachung gehalten hat. Alle anderen kamen, trotz der Aussage nichts mehr zu schenken, mit riesigen Paketen zu deinen Eltern."

Sie: „Der Kinder wegen."

Er: „Und der Ring deines Bruders an seine Verlobte? Auch deine Eltern durften Geschenke auspacken und ich stehe wie ein begossener Pudel da."

Sie: „Eine Kleinigkeit geht doch immer."

Er: „Die Absprache war, nichts zu schenken. Nichts ist nichts und eine Kleinigkeit ist eine Kleinigkeit. Was bedeutet eigentlich eine Kleinigkeit? Ein Ring für 2000 € ist eine Kleinigkeit, weil er klein ist?"

Sie: „Etwas kleines, Glitzerndes geht doch immer."

Er: „Siehst du und das verstehe ich nicht. Frauen reden von nichts schenken, sind dann aber enttäuscht, wenn der Mann sich daran hält. Auch du hast mir Unterwäsche und Socken letztes Jahr geschenkt."

Sie: „Was ist so schlimm daran?"

Er: „Ganz einfach. Ihr hättet euch alle an die Abmachung halten sollen, nichts zu schenken oder solche Abmachung gar nicht aussprechen sollen. Der Depp war ich."

Sie: „Du hast ja noch drei Wochen Zeit."

Er: „Wofür?"

Sie: „Um Geschenke zu kaufen."

Er: „Also beschenken wir uns doch wieder?"

Sie: „Eigentlich nicht."

Er: „Muss ich das verstehen?"

Sie: „Was gibt es denn daran nicht zu verstehen? Man geht Weihnachten nicht zu seinen Gastgebern, ohne eine Kleinigkeit mitzubringen."

Er: „Das kann ich ja noch verstehen. Aber die vielen Geschenke der anderen untereinander?"

Sie: „So sind wir nun mal."

Er: „Wer sind wir? Ihr Frauen allgemein oder deine Familie und du?"

Sie: „Bist du zu geizig?"

Er: „Das hat doch mit Geiz nichts zu tun. Der Vorschlag nichts zu schenken kam von euch."

Sie: „Ich war schon Geschenke kaufen und habe dir ein paar Kleinigkeiten zum Übergeben mitgebracht."

Er: „Und wieder, ohne mich vorher gefragt zu haben!"

Sie: „Ja genau. Das letzte Weihnachtsfest war deinetwegen ein wenig peinlich."

Er: „Meinetwegen? Ich habe mich doch nur an unsere Abmachung gehalten. Meinen Eltern haben wir auch nichts geschenkt."

Sie: „Die kamen ja auch am 2. Weihnachtstag zu uns."

Er: „Was macht das denn für einen Unterschied, ob die bei uns oder wir bei denen?"

Sie: „Lass es einfach. Du wirst es nie verstehen."

Er: „Da stimme ich dir zu. Ich als Mann werde euch Frauen nie verstehen."

Schon in meiner frühen Jugend, ist mir als Knabe aufgefallen, dass die hübschesten Mädchen oft eine Freundin an ihrer Seite hatten, die ihnen im Aussehen nicht das Wasser reichen konnten. Diese Auffälligkeit konnte ich bis ins Erwachsenenalter der Frauen beobachten. Warum nur ist dies nicht nur mir aufgefallen? Bei den Jungs spielte das Aussehen eine untergeordnete Rolle. Dort hieß es höchstens beim Fußballspielen, bring den Ball mit und stelle dich ins Tor, wenn jemand nicht so gut mit dem Ball umgehen konnte. Es ist in diesem Fall schon komisch, dass ich immer freiwillig ins Tor wollte. Norbert Nigbur und Toni Schumacher ließen mich von einer Torwartkarriere träumen. Es blieb bei den Träumen.

Doch wir träumen alle und das unser ganzes Leben lang. Anfangs träumen wir Jungs von einer gut aussehenden Freundin. Sehen wir dann die Dame unserer schlaflosen Nächte, ist es schwierig dem Kumpel ihre nicht so toll aussehende Freundin aufs Auge zu drücken.

Aber anders kommen wir nicht an das Objekt unserer Begierde heran und schnell hat es sich dann auch wieder ausgeträumt.

Natürlich ist der Einäugige, der König unter den Blinden und ähnlich verhält es sich bei den Mädchen. Ein nicht so toll aussehendes Mädel, wertet die besser Aussehende neben sich noch weiter an. Das Aussehen spielt in der Welt der Damen bis zu ihrem Ende immer eine gewichtige Rolle. Bei uns Männern wird das Aussehen der eigenen Frau dann mit den Jahren von anderen Attributen verdrängt. Natürlich mögen wir Männer weiterhin das gute Aussehen unserer Frauen, doch wie heißt es so schön, Liebe geht durch den

Magen. Das wäre ein Beispiel für die Rangfolge der Eigenschaften einer Frau für den Mann.
Frauen schauen auch beim Ausgehen nicht nur bei ihrer eigenen Wahl der Garderobe genau hin. Sie passen dazu noch genau auf, wie sich der Partner an ihrer Seite kleidet.

Sie: „Schatz? Wie findest du das Kleid, dass ich anhabe? Kann ich so ausgehen?"
Er: „Natürlich, du siehst Spitze aus."
Sie: „Soll ich meine Haare dazu offen oder hochgesteckt tragen?"
Er: „Weiß nicht, sieht beides gut aus."
Sie: „Aber was gefällt dir denn besser?"
Er: „Ich finde beides schön."
Sie: „Und welche Schuhe soll ich anziehen? Hohe Absätze sehen besser aus, sind aber den ganzen Abend unbequem."
Er: „Musst du selbst entscheiden."
Sie: „Eine große Hilfe bist du aber nicht. Ich wünschte, meine Freundin wäre jetzt zur Beratung hier."
Er: „Wen meinst du? Die Hässliche?"
Sie: „Warum sagst du das?"
Er: „Weil es so ist."
Sie: „Sie ist trotzdem meine Freundin."
Sie: „Passt der Lippenstift zu meinem Nagellack?"
Er: „Wir müssen los, sonst kommen wir zu spät."
Sie: „Hetzt mich nicht, ich bin gleich fertig."

10 Minuten später.

Er: „Wir kommen zu spät."
Sie: „Ich bin so weit. Aber was ist mit dir?"

Er: „Wieso? Was soll mit mir sein?"

Sie: „Du willst doch nicht wirklich so mit mir ausgehen?"

Er: „Was gibt es denn an mir auszusetzen?"

Sie: „Guck mal in den Spiegel, dann siehst du, was ich meine."

Er: „Ich kann nichts Außergewöhnliches finden."

Sie: „Das ist mir klar."

Er: „Was meinst du denn?"

Sie: „Das Oberteil hattest du schon gestern an. Es passt zudem farblich nicht zu deinen Socken.
Die Jeans ist auch nicht mehr aktuell und Turnschuhe müssen es auch nicht sein."

Er: „Du hast auch immer was auszusetzen."

Sie: „So gehe ich mit dir nirgendwo hin. Ich bin fertig und nun kommen wir wegen dir zu spät zum Abendessen."

Soviel zum Aussehen und die Frauen.

Frauen bestrafen Männer mit Sexverboten, wenn sie sauer auf ihren Partner sind. Umgekehrt ist es eher nicht so. Männer würden niemals eine Frau mit einem solchen Verbot den Sex verweigern. Was ich als Mann dabei nicht verstehe, bestraft die Frau sich nicht auch selbst mit der Verweigerung des Geschlechtsverkehrs? Frauen haben doch, zumindest bis die Wechseljahre eintreten, gerne
Sex und einen Orgasmus. Ist dies nicht der Grund, der Sexpartner, nachdem Frau und Mann streben? Einen Orgasmus zu bekommen, dafür teilt das Pärchen das Bett miteinander. Es ist doch nicht so, dass Frauen dem Sex mit einem Mann nur zustimmen, damit er sexuellen Druck abbauen kann. Auch sie schreit das wunderbare

Gefühl eines Orgasmuses frei heraus. Sie kreuzt ihre Beine fest drückend und klammert sich mit den Armen unlösbar an ihm. Dabei bohren sich ihre Finger tief in seine Haut. Ihr Becken bewegt sich auf und ab, damit sie ihn tief in sich spüren kann. Sie kostet diesen Moment genauso aus, wie er.

Warum denken Frauen dann, mit einem Sexverbot nur ihren Partner zu bestrafen? Sie bestrafen sich damit doch auch selbst.

Aber das Verbot ist ja meistens nicht für die Ewigkeit und der Sex für die Zeit der Versöhnung dann wieder für ihn, aber auch für sie wunderbar. Sex entsteht bei ihr im Kopf und ist dieser nicht bereit, wird es keinen Beischlaf mit dem Mann geben. Er dagegen springt auf körperliche Signale an. Ist er erregt, sind alle trüben Gedanken erst einmal beiseite geschoben.

Ein schwieriges Thema ist dies und es muss nicht unbedingt immer so sein, wie von mir beschrieben, doch bei der Mehrzahl aller Pärchen könnte es genauso sein.

Ihr Kopf tickt sowieso ein wenig anders als der ihres Partners. Frauen sind in ihrer Psyche viel neugieriger als Männer. Um ihre Neugier zu befriedigen, ist die Dame mit allerlei Waffen ausgestattet. Ihrem Einfallsreichtum ist er nicht gewachsen. Ein Geheimnis zu erkennen oder zu lüften, darin sind Frauen Profis und dabei haben sie noch die Fähigkeit, die Lügen ihres Partners zu erkennen.

Er: „Schatz?"
Sie: „Ja Liebling!"
Er: „Bist du an meinem Handy gewesen?"
Sie: „Wie kommst du denn darauf?"
Er: „Ich schließe meine Seiten im Internet immer."
Sie: „Ja und?"
Er: „Was ja und?"
Sie: „Warum sollte ich an deinem Handy herumspielen?"
Er: „Was weiß ich."
Sie: „Warum fragst du mich dann, ob ich an deinem Handy war?
Er: „Weil ich sehe, dass du daran gewesen bist."
Sie: „Hm. Woran willst du denn erkennen, ob ich an deinem Handy war?"
Er: „Die besuchten Seiten im Hintergrund waren alle noch auf."
Sie: „Und was habe ich damit zu tun?"
Er: „Wer sonst interessiert sich für meine Nachrichten?"
Sie: „Ich nicht."
Er: „Das kann ich kaum glauben."
Sie: „Musst du aber."
Er: „Kann es sein, dass du mich kontrollierst?"
Sie: „Das bildest du dir nur ein."

Er: „Wie bist du überhaupt an mein Passwort gekommen?"
Sie: „Ich kenne dein Passwort nicht."
Er: „Musst du aber, denn ohne Passwort kommst du nicht in mein Handy."
Sie: „Jetzt reicht es mir aber."
Er: „Mir auch."
Sie: „Du beschuldigst mich einfach, ohne einen Beweis zu haben. Das lasse ich mir nicht gefallen."
Er: „Bleib einfach von meinem Handy weg."
Sie: „Warum regst du dich überhaupt so auf? Hast du etwas zu verbergen?"
Er: „Nee, habe ich nicht."
Sie: „Das hört sich aber ganz anders an."

Pause!
Sie sieht ihm dabei in die Augen und er kann ihrem Blick nicht standhalten.

Sie: „Ich glaube, du verbirgst etwas vor mir. Hast du eine Geliebte?"
Er: „Natürlich nicht."
Sie: „Und warum zwinkern deine Augen? Du lügst!"
Er: „Ich zwinkere doch gar nicht."
Sie: „Doch, tust du immer, wenn du lügst."
Er: „Ich lüge nicht."
Sie: „Wer ist Katja?"
Er: „Ich kenne keine Katja."
Sie: „Warum schreibt dir dann seit Wochen eine Katja?"
Er: „Woher willst du denn wissen, ob mir irgendeine Katja angeblich schreibt?"
Sie: „Aus deinem Messengerverlauf."
Er: „Also warst du doch an meinem Handy!"

Sie: „Anscheinend hatte ich auch gute Gründe."

Er: „Da gibt es nichts."

Sie: „Wenn du Nachrichten löschst, musst du auch danach den Papierkorb und den Verlauf löschen. Ich habe gesehen, dass du mit einer Katja geschrieben hast."

Er: „Wenn du meinst."

Sie: „Keine Angst. Sie belästigt dich nicht mehr."

Er: „Wieso?"

Sie: „Ich habe sie angerufen."

Er: „Du hast was?"

Sie: „Sie kennt mich jetzt und wird sich bei dir nicht mehr melden."

Er: „Woher hast du überhaupt ihre Handynummer?"

Sie: „Habe ich nicht."

Er: „Wie hast du sie dann angerufen?"

Sie: „Mit deinem Handy, als du geschlafen hast."

Frauen haben einen siebten Sinn, wenn es um ihre Partnerschaft geht. Ihr Gespür ist wesentlich ausgeprägter als das der Männer. Sie kommen den Lügen der Männer immer auf die Schliche. Es ist nur eine Frage der Zeit.

Sie: „Schatz, ziehst du dich jetzt an?"

Er: „Ist es schon soweit?"

Sie: „Ja, wir müssen langsam los."

Er: „Hetz mich nicht. Wir haben noch genügend Zeit."

Sie: „Ich will nicht zu spät kommen."

Er: „Wir werden pünktlich sein."

Sie: „Es wird am Eingang eine Schlange stehen und auf den Einlass warten."

Er: „Ich beeile mich."

2 Minuten vergingen und er stand umgezogen vor ihr. Sie blickte ihn von oben nach unten und zurück an und ihr Gesicht verriet ihm, dass etwas nicht stimmte.

Er: „Stimmt etwas nicht?"

Sie: „Willst du den Pullover etwa anbehalten?"

Er: „Wieso? Was ist denn damit?"

Sie: „Zieh einfach ein anderes Oberteil an."

Er: „Was gibt es denn daran auszusetzen? Der Pullover hat über 100 Euro gekostet."

Sie: „Egal was der gekostet hat. Zieh einen anderen Pullover an."

Er: „Jedes Mal das Gleiche mit dir. Nie bist du zufrieden mit dem, was ich anziehe."

Sie: „Ja, an wem liegt es denn? Du möchtest doch auch eine attraktiv aussehende Frau an deiner Seite haben."

2 Minuten verstrichen und er stand im weißen Hemd vor ihr.

Sie: „Ja, so ist es schon besser."

Er „Gut, dann können wir ja jetzt los."

Sie: „Was ist mit deinen Haaren?"

Er: „Was soll damit sein?"
Sie: „Sie rufen nach Haargel."
Er: „Ich möchte pünktlich da sein."
Sie: „So gehe ich mit dir nicht weg."

Er wusste, keine Chance gegen sie zu haben und trug das von ihr geforderte Haargel auf.

Er: „Jetzt zufrieden?"
Sie: „Na ja, besser als vorher."
Er: „Können wir dann jetzt endlich los?"
Sie: „Ich bin seit einer halben Stunde fertig. Du warst es nicht und nervst mich nun."

Im Auto auf der Hinfahrt, sie sitzt auf dem Beifahrerplatz, während er fährt.

Sie: „Du hättest auch mal einen angenehmen Duft auflegen können."
Er: „Wieso stinke ich?"
Sie: „Frauen mögen gut riechende Männer. Aber von Frauen hast du ja keine Ahnung."

Er langsam genervt, schluckte den Klos und jeden weiteren Kommentar herunter. Der Spaß an dem Abend hatte er verloren.
Seine Laune passte sich dem kalten und regnerischen Wetter an. Der Parkplatz vor dem Auditorium voll und an der Straße gab es auch keine Lücke zum Parken. Nach 10 Minuten endlich einen Platz für das Auto gefunden. Nun hieß es, die 2 Kilometer zu Fuß durch den Regen laufen. Endlich vor der Konzerthalle angekommen, standen 3000 Besucher davor und

warteten auf den Einlass. Der Wettergott nahm keine Rücksicht und schüttete unnachgiebig weiter seinen Regen auf die Wartenden hinab.

Er nahm ihre freie Hand, in der anderen Hand trug sie den Regenschirm und lief eilig mit großen Schritten an der Menschenschlange zum Eingang vorbei. Vor dem Staff, der die Eingangskontrolle durchführte, blieben sie stehen. Der breitschultrige Kerl schaute unser Pärchen mit bösen Blick an und wollte gerade erklären, wo das Ende der Schlange war und sich dort jeder Gast einzureihen hätte. Er zog seinen Behindertenausweis aus der Tasche und beide bekamen den Einlass. Zum ersten Mal an diesem Abend machte sie ein aufgeheitertes Gesicht.

Als sie dann zusammen in der 2. Reihe ganz vorne vor der Bühne mittig ihre Plätze einnehmen konnten, war von ihrer schlechten Laune nichts mehr übrig geblieben.

In der Pause standen dann beide an der Theke.

Sie: „Schatz, deine Hose ist aber auch verdammt eng."
Er: „Wieso?"
Sie: „Weil sie verdammt eng sitzt."
Er: „Das trägt man doch wieder so. Guck mal da drüben, die haben auch genauso enge Jeans an."
Sie: „Ja, die können solche engen Hosen auch tragen."

Hier beende ich den Dialog und überlasse es jedem selbst, wie es weitergehen könnte. Ich glaube, vielen Männern kamen die letzten Sätze irgendwie, in ähnlicher Form bekannt vor. Jetzt wissen die Männer aber, sie stehen nicht alleine da.

Wir Männer sind Suchende und die Frauen träumende. Als Single fühlen sich viele Männer unwohl und einsam. Sie wünschen sich eine Beziehung zu einer Partnerin oder einige auch einen Partner.

Sie möchten die nächtliche Einsamkeit entkommen. Geliebt zu werden und das eigene Leben mit der Frau, die ihn liebt, zu teilen, danach suchen die meisten alleinstehenden Männer. Das Komische daran ist, dass der Mann trotzdem ein Suchender bleibt. Steht er dann nämlich in einer Beziehung, sucht er wieder die Freiheit und Unabhängigkeit. Keine Rechenschaft abgeben zu müssen oder einfach mit den Freunden feiern zu gehen, ohne auf die Uhr zu gucken. Den Sportkanal im Fernsehen den ganzen freien Tag laufen zu lassen und niemand schaltet um.

Keine Rücksicht auf jemand anderes nehmen zu müssen, egal worüber entschieden werden soll.

Das, was er in einer Beziehung hat, weiß er manchmal nicht zu schätzen und zerstört so den Traum seiner Partnerin. Sie träumt nämlich von einem Märchenprinzen und hofft, ihn mit ihren Partner gefunden zu haben.

Doch kehrt der Alltag wieder ein, merkt sie schnell, der Märchenprinz ist nicht der Mann an ihrer Seite. Ihr Märchenprinz bleibt eine Träumerei von ihr. Die Sehnsucht, ihn aber doch noch zu ihrem Wunschprinzen zu formen, lässt sie dann Kompromisse eingehen.

Zuhörer, das muss der männliche Partner einer Frau sein. Das Thema hatten wir ja bereits beschrieben, doch da gibt es noch etwas, dass ich noch nicht erwähnt habe. Es gibt manchmal Situationen, in der die

Dame an seiner Seite sich über einen anderen Menschen beschwert. Irgendetwas, das mit dieser Person zu tun hat, regt sie auf. Es kann eine Handlung, ein Kommentar oder auch nur etwas von Dritten Weitergetragenes sein. Auf alle Fälle muss es raus aus ihr und dazu braucht sie ihren Partner als Zuhörer an ihrer Seite. Egal wie viel sie euch erzählen oder wie lange es dauern wird, hört ihr interessiert zu. Auch wenn es euch langweilt oder ihr die Aufregung nicht verstehen könnt, gebt ihr eure Unterstützung und hört aktiv zu. Mehr nicht. Macht bloß nicht den Fehler und sagt ihr, was sie machen soll. Ein weiterer Fehler wäre, ihr nicht das Gefühl zu geben, zuzuhören. Dann passiert eine etwas, das ihr nicht wollt.

Der Focus richtet sich plötzlich auf dich und du, der anfangs nur zuhören sollte, wird das Ziel ihrer Attacken und bekommt die volle Breitseite ab. Der Streit ist vorprogrammiert und nimmt Fahrt auf.

Sie: „Schatz?"
Er: „Ja."
Sie: „Kannst du mir mal zuhören?"
Er: „Was ist denn?
Sie: „Ich habe heute bei unseren Nachbarn geklingelt:"
Er: „Warum?"
Sie: „Wegen ihres Autos."
Er: „Was ist mit dem Wagen."
Sie: „Was damit ist? Das habe ich dir doch schon hundertmal gesagt. Die parken immer so, dass ich ganz schlecht aus der Einfahrt komme."
Er: „Ich habe keine Probleme, auf die Straße zu fahren."

Sie: „Du weißt ganz genau, dass deren Karre uns an die Ausfahrt auf die Straße behindert."

Er: „Ja, ein wenig vielleicht."

Sie: „Auf alle Fälle habe ich bei denen angeschellt. Sie war da und hat die Tür aufgemacht. Wie sie schon aussah. Gut ausgesehen hat die ja noch nie. Klamotten aus den Achtzigern an. Ich habe die noch nie gut gekleidet gesehen. Zum Frisör könnte sie auch mal wieder gehen. Wird bei ihr alle höchste Zeit. Aber auf eine vernünftige Frisur hat die ja noch nie Wert gelegt."

Er: „Was hat ihr Aussehen mit dem Auto zu tun?"

Sie: „Nichts."

Er: „Ach so."

Sie: „Unterbreche mich nicht immer."

Er: „Führen wir einen Dialog oder du einen Monolog? Ich darf doch auch etwas sagen!"

Sie: „Na ja. Sie rief dann ins Wohnzimmer hinein und der Dicke kam zur Haustür."

Er: „War er also doch da?"

Sie: „Jetzt unterbrichst du mich schon wieder. Der wird auch immer fetter und eine große Klappe hat er auch noch."

Er: „Was hat er gesagt?"

Sie: Wenn du mich nicht immer unterbrechen würdest, könnte ich es dir sagen."

Er: „Ok. Ich höre zu."

Sie: „Na endlich. Wird auch Zeit. Der hat mich beleidigt."

Er: „Er hat mir gesagt, ich könnte kein Auto fahren."

Dieses Mal blieb er stumm und fragte oder kommentierte nichts. Dazu etwas zu sagen, wäre reinster Selbstmord. Insgeheim musste er dem

Nachbarn recht geben. Doch ihre Fahrkünste zu kritisieren, das traute er sich nicht.

Sie: „Der spinnt doch wohl, oder? Der soll einfach woanders parken, habe ich ihm gesagt. Weißt du, was der Dicke gesagt hat?"
Er: „Nee, keine Ahnung."
Sie: „Da habe ich ihm gesagt, dass auch du Probleme hast auf die Straße zu kommen."
Er: „Habe ich doch gar nicht."
Sie: „Ist auch egal. Er meinte darauf hin, dass auch du kein Auto fahren könntest."
Er: „Ok."
Sie: „Ok? Nichts ist ok. War mal wieder klar. Der beleidigt mich und dich und du lässt ihm das durchgehen."
Er: „Was der sagt, interessiert mich doch gar nicht."
Sie: „Sei doch einmal ein Mann."
Er: „Ich bin ein Mann."
Sie: „Aber kein richtiger Kerl. Wenn du das wärst, hättest du ihn schon längst mal zur Rede gestellt."
Er: „Wie stellst du dir das vor? Soll ich ihm eine ballern?"
Sie: „Ein in die Fresse, könnte der gut gebrauchen. Aber dazu bist du ja zu feige."
Er: „Jetzt beleidigst du mich und hetzt mich noch auf, gewalttätig zu werden."
Sie: „Du lässt lieber zu, dass er deine Frau beleidigt, als zu handeln. Ist doch nicht das erste Mal, dass er mich so angeht und du tust nichts."
Er: „Stellt es sein Auto künftig anders hin?"
Sie: „Das ist es ja. Er hat mir gesagt, sein Auto bleibt dort stehen, wo es ist."

Er: „War mir klar."

Sie: „Ja natürlich. Dir ist immer alles klar. Sei jetzt mal ein ganzer Man und schnapp ihn dir."

Er: „Und dann?"

Sie: „Dann überzeugst du ihn woanders zu parken."

Er: „Wenn ich ihn sehe, spreche ich ihn an."

Sie: „Warum klingelst du nicht jetzt bei ihm ab? Hast du etwa Angst?"

Er: „Hör bitte auf damit."

Sie: „Womit?"

Er: „Mich aufzuhetzen."

Sie: „Mache ich doch gar nicht."

Er: „Doch und zwar schon die ganze Zeit."

Sie: „Du lässt dir auch alles gefallen. Ich wünschte mir einen richtigen Mann."

Er: „Jetzt ist Schluss. Wenn du der Ansicht bist, ich wäre kein richtiger Mann, dann hau doch ab und nehme dir einen richtigen Mann."

Sie: „Vielleicht sollte ich das auch mal machen."

Er: „Viel Spaß beim Suchen."

Sie: „Meinst du, ich müsste suchen? Ich kann sofort ein Duzend Kerle haben. Ich sehe doch immer, wie die mir hinterher glotzen."

Er: „Jetzt reicht es mir aber. Kein Wort mehr von dir."

Sie: „Hau doch einfach wieder ab. Machst es doch sonst immer."

Er: „Das wäre in der jetzigen Situation auch das Beste."

So oder ähnlich könnte es sich wandeln, wenn die Frau das Gefühl hat, von ihrem Partner nicht unterstützt zu werden. Schnell gerät er dann zu ihrer Zielscheibe und schläft dann für einige Tage auf der Couch im

Wohnzimmer. Seit einfach clever und hört gut zu, wenn sie ein Problem hat und ihren Frust loswerden möchte oder tut auf jeden Fall als wenn ihr zuhört.

Jetzt ein wirklich von mir erlebtes kleines Abenteuer, dass den Unterschied zwischen den beiden Geschlechtern deutlich aufzeigt. Es war der Freitag vor dem Weihnachtswochenende. Jeder männliche Autofahrer weiß, die Spritpreise klettern um die Weihnachtszeit nach oben. Aber das wissen auch einige Frauen oder dessen Männer haben sie zum Tanken geschickt. Mein Pech war an diesem Tage, dass ich hinter drei Frauen in der Schlange an den Zapfsäulen stand. Zwei Zapfsäulen waren dort und ich musste zur ersten Zapfsäule. Die erste Dame stellte ihr Auto so ab, dass sie beide Zapfsäulen blockierte. Sie selbst nahm die zweite Zapfsäule. Hätte sie etwas weiter hinten geparkt, hätte jemand anderes die Erste zum Tanken benutzen können. Die anderen beiden Damen in ihren Autos mussten genauso warten, wie ich. Doch wer jetzt gedacht hat, die nächsten Frauen wären schlauer als die erste Frau, der war im Irrtum. Die zweite Frau fuhr ihren Wagen genau an der gleichen Stelle zwischen den Zapfstellen wie die Erste und die dritte Frau und ich mussten wiederum länger warten, als normalerweise vonnöten gewesen wäre. Das Unverständliche an der ganzen Sache war die, dass die dritte Dame es auch nicht besser wusste und sich genau wie die beiden anderen Frauen zwischen den beiden Zapfsäulen stellte. Ich konnte diese Intelligenz kaum glauben. Na ja, musste ich eben warten oder hätte ich als Besserwisser den Frauen vorher erklären sollen, was jeder Mann sofort gesehen hätte? Als ich dann endlich tanken hätte können, blickte ich auf die große Anzeige und sah, dass der Preis für Super-Benzin gerade um 6 Cent pro Liter angestiegen war. Ich stieg erst gar nicht aus und fuhr nach Hause, um mein Glück am frühen Abend noch einmal zu probieren.

Männer können auch die besseren Frauen sein. Hm, was? Das verstehe ich nicht. Wie ist das denn gemeint? Ganz einfach. Mein Freund und Arbeitskollege Uwe war solch eine Person. Ich möchte jetzt nicht, dass dies negativ aufgefasst wird. Uwe war ein netter und toller Mensch. Ein guter Freund eben. Uwe legte großen Wert darauf, seine Wohnung immer im ordentlichen Zustand zu halten. Das ist noch nichts Ungewöhnliches. Viele Männer versuchen, ihre Wohnung ordentlich und sauber zu halten. Deshalb sind sie noch lange keine besseren Frauen. Doch Uwe machte die Hausarbeit sehr viel Spaß und er ging in ihr auf. Noch lieber war er aber in der Küche. Ja liebe Männer, die Küche ist der Raum, in der eure Frau immer kocht und das Sagen hat. Uwe hatte sogar eine Schürze, die er beim Kochen trug. Wenn Uwe am Herd stand, brutzelten dort in der Pfanne nicht nur Spiegeleier oder im Topf kochten die Spaghetti. Uwe zelebrierte auf seinem Ofen Gerichte wie Rollbraten mit Kartoffeln und Rotkohl oder Rinderbraten mit selbstgemachten Knödeln.
Er liebte es zu kochen und zwar nicht für sich, sondern für uns beide. Mein Freund bekochte mich nach dem

Training im Fitnessstudio oder brachte mir das Essen mit zur Arbeit. Er nahm nicht nur eine Frauenrolle in seinem Leben ein, er war auch sensibel wie eine Diva. Dazu schreibe ich aber nichts. Er fuhr einen Opel Corsa, liebte die Musik von ABBA und Boney M und schaute sich jeden Sonntagabend die Lindenstraße im Fernsehen an. Erst als Uwe von Marl nach Köln zog, wurde allen, aber vor allem ihm klar, wohin das Leben hingeführt hatte. Uwe blieb zwar immer ein Mann und war trotzdem wie eine bessere Frau. Leider wurde er nur 56 Jahre alt und ich kann es bis heute nicht glauben, dass er so früh von uns gegangen ist. Er war mein guter Freund und wird seinen Platz immer in meinem Herzen ewig behalten.

Der Staubsauger bei uns Zuhause zeigt mir jedes Mal den Unterschied zwischen Frau und Mann an. Es ist ein Akkusauger ohne Staubbeutel. Enttäuschenderweise hält der Akku voll geladen nur 20 Minuten.
Das ist der Grund, warum der Staubsauger nach Gebrauch sofort wieder mit dem Ladekabel ans Stromnetz verbunden werden muss. So ist gewährleistet, dass Frau oder Mann diesen beim nächsten Gebrauch auch benutzen kann. Der Mann weiß das und schließt den Akku nach der Benutzung des Staubsaugers zum Laden an das Stromnetz an. Die Frau des Hauses hat die gleiche Kenntnis, doch meistens findet der Mann den Staubsauger nach ihrem Gebrauch ungeladen mit leerem Akku vor und kann nicht benutzt werden.
Doch der Staubsauger zeigt uns noch ein weiteres Beispiel zwischen den unterschiedlichen Geschlechtern an. Ohne Staubbeutel landet der aufgesaugte Staub

und die Haare unseres Hundes in einen dafür vorgesehenen Staubbehälter. Dieser ist durchsichtig und mit einer Markierung versehen, der dem Benutzer anzeigt, wenn dieser voll ist und entleert werden sollte. Für den Mann ist dieser Hinweis der Grund, den Auffangbehälter bei erreichen der Markierung zu entleeren. Die Frau denkt sich, die Markierung ist ja in der Mitte des Auffangbehälters angebracht, der kann ja noch gar nicht voll sein und saugt so lange weiter, bis der Staubbehälter auch sichtbar bis unter der Decke gefüllt ist. Meistens ist dann auch das Rohr des Saugers verstopft und der Staubsauger saugt nicht mehr richtig.

Sie: „Schatz?"
Er: „Ja, was gibt es denn?"
Sie: „Der Staubsauger funktioniert nicht mehr richtig."
Er: „Komisch, gestern lief er noch einwandfrei."
Sie: „Jetzt aber nicht mehr."
Er: „Ist der Akku leer?"
Sie: „Nein, der Motor läuft ja noch."
Er: „Was ist denn damit?"
Sie: „Der Dreck bleibt einfach auf dem Boden liegen, obwohl ich darüber sauge."

Egal womit der Mann gerade beschäftigt war, er unterbricht seine Beschäftigung und widmet sich dem Problem mit dem Staubsauger. Ein erster Blick verriet ihm sofort, warum der Sauger nicht mehr aufsaugt.

Er: „Schatz komm mal bitte zu mir."
Sie: „Was ist denn?"
Er: „Ich möchte dir mal etwas zeigen."

Sie: „Was denn?"

Er: „Guck mal hier. Das ist die Markierung, die uns anzeigt, wenn der Staubsauger entleert werden muss ."

Sie: „Der ist doch dann erst halb voll."

Er: „Ich habe es dir doch beim letzten Mal schon erklärt, warum der Behälter bei Erreichen der Markierung entleert werden sollte."

Sie: „Na und."

Er: „Jetzt ist der so voll, dass sogar das Rohr verstopft ist. Deshalb saugt er den Staub nicht mehr auf."

Sie: „Dann entleere ihn doch einfach."

Er: „Warum machst du das nicht schon bevor der Staubsauger übervoll ist?"

Eine Antwort bekommt er nicht mehr, denn sie ist schon nicht mehr bei ihm, um zu sehen, wie man den Staubsauger entleert.

Genau so beim Luftdruck der Reifen ihres Autos. Der Mann sieht schon mit bloßem Auge, dass der oder die Reifen platt sind. Die Überprüfung der Autoreifen an der Luftstation der Tankstelle bestätigt ihn das dann. Knapp ein bar zeigt das Manometer bei allen vier Reifen nur noch an. Für sie ist der Reifen erst platt, wenn keine Luft mehr drin ist. Also dann, wenn der Wagen auf der Felge liegt.

Ich sehe die Männer jetzt lächeln und sich dem weiblichen Geschlecht überlegen fühlend. Doch dem ist natürlich nicht so. Im Supermarkt zeigt sie ihm dann ihre Überlegenheit. Im Gegensatz zu ihm kennt sie dort alle Preise und das in allen Supermärkten aus der näheren Umgebung. Er packt in dem ersten Supermarkt den Einkaufswagen voll und bezahlt an der

Kasse für seinen Einkauf. Sie vergleicht die Produkte der Supermärkte im Kopf miteinander und packt diese nur in den Einkaufswagen, wenn der Preis woanders nicht günstiger ist. So spart sie mehrere Euros bei jedem Einkauf und das bedeutet, wenn man ihre Handlung im Jahr hochrechnet, dass sie gegenüber dem Mann mehrere Hundert Euros im Portmonee behalten hat.

Na, fühlt ihr Männer euch noch immer überlegen? Das Leben zwischen Frau und Mann ist nun mal so wie es ist und wird auch immer so bleiben. Gleichberechtigung hin oder her, es wird den Geschlechterkampf immer geben. Mal gewinnt er und ein anderes Mal sie. Doch ist es eigentlich wichtig, wer gewinnt? Wichtig ist doch nur, wenn sich beide zu einer Partnerschaft entschließen, dass sie dann die Vorteile des jeweiligen Partners für sich nutzen. Egal, von wem dieser kommt.

Frauen können aber auch bessere Männer sein oder besser gesagt, Männer nehmt euch die Frauen als Vorbild. Ich spüre jetzt schon, wie viele Kerle mit den Köpfen schütteln und die Damenwelt die Augenbrauen fragend hochzieht. Natürlich werden die nächsten Sätze nicht jede Frau und jeden Mann widerspiegeln, doch meiner Meinung nach trifft es auf den größten Teil der Menschen zu. Frauen reden lieber, während die Männer schneller handeln. Meine Erfahrung sagt mir, dass Reden sehr viel besser ist, als das vorschnelle Handeln. Ein intensives Gespräch kann viele Ungereimtheiten und Missverständnisse im Voraus neutralisieren. Ich kann mich zum Beispiel nicht

erinnern, dass Frauen Kriege angezettelt haben. Mit Sicherheit wird es solche Damen gegeben haben, doch im Gegensatz zu den Männern ist ihr prozentualer Anteil eher gering. Männer handeln oft zu überhastet und meinen mit Muskelkraft ein Problem zu ihren Gunsten lösen zu können. Dabei gibt es immer nur Verlierer. Um bei meinem Beispiel, dem Krieg zu bleiben. Wer ist denn der Sieger eines Krieges? Die Antwort ist einfach, niemand gewinnt einen Krieg. Es gibt auf allen Seiten viele tote und verletzte Menschen. Also viele Verlierer. Einen Krieg verliert demnach die Partei, die mehr Verluste an Menschenleben hat. Doch einen Gewinner gibt es nicht, nur einen zweiten Verlierer. Doch hätte nicht jeder Krieg mit diplomatischem Geschick, mit Reden verhindert werden können? Wenn Frauen die Machtzentralen der Gesellschaft besetzen würden, wäre der eine oder andere Krieg sicherlich nicht ausgebrochen. In der Geschichte gab es zwar viele Frauen, die ihren Mann standen, wie zum Beispiel Kleopatra, Katharina die Große, die eiserne Maggie Thatcher oder Angela Merkel. Diese Damen, wenn ich sie so nennen darf, ließen auch ihre Muskeln für sich spielen. Doch ihre Kraft schöpften sie aus Gesprächen.
Der Mann rennt nun mal öfter mit dem Kopf durch die Wand, wobei Frauen lieber nachfragen, wo die nächste offene Tür ist.

Frauen sind aber die besseren Lästerer. Haben sie sich erst einmal auf jemanden eingeschossen, gibt es kein Zurück mehr. Der oder die Zielperson wird dann regelrecht mit Worten torpediert.

Sie: „Schatz?"

Er: „Hm."

Sie: „Hast du schon die Nachbarin gesehen?"

Er: „Wann?"

Sie: „Heute."

Er: „Nee."

Sie: „Die war beim Frisör."

Er: „Na und."

Sie: „Das ist voll daneben gegangen."

Er: „Wieso?"

Sie: „Musst du dir mal anschauen."

Er: „Hm."

Sie: „Die sah ja noch nie gut aus, doch jetzt, mit der Frisur, schließt die den Vogel ab."

Er: „So schlimm?"

Sie: „Schlimmer geht nicht. Die sieht jetzt 20 Jahre älter aus."

Er: „Ach so."

Sie: „Klamotten hat die ja auch nichts Vernünftiges. Die zieht sich immer an, dass geht gar nicht."

Er: „Hm."

Sie: „Oder was meinst du?"

Er: „Keine Ahnung."

Sie: „Wie, keine Ahnung? Mach mal deine Augen auf."

Er: „OK. Ich gucke sie mir beim nächsten Mal etwas genauer an."

Sie: „So etwas sieht man doch sofort."

Er: „Hm."

Sie: „Und Autofahren kann die auch nicht. Guck mal, wie die immer parkt."

Er: „Kann sein."

Sie: „Kann sein? Kannst du doch sehen, schau nur aus dem Fenster."

Er: „Das Auto von ihr steht doch dort wie immer."
Sie: „Natürlich steht der Wagen wie immer dort. Das ist
ja der Beweis, dass die nicht fahren und einparken
kann."
Er: „Wenn du das sagst."
Sie: „Nimmst du die etwa in Schutz?"
Er: „Nee."
Sie: „Hört sich aber fast so an."

Frauen sind mit dem Mund genauso schnell, wie der
Mann sinnbildlich mit der Faust. Mit der Faust fängt
man dabei einen Krieg an, während die Lästerei in den
eigenen vier Wänden niemanden interessiert.

So sind sie nun mal, unsere Frauen. Zurückhaltend und
einfühlsam. So auch beim Sex. Zumindest am Anfang.
Die ersten Annäherungsversuche des Mannes werden
noch leicht blockiert. Die Dame ziert sich ein wenig. Sie
will erobert werden. Ist er dabei geduldig und ebenfalls
einfühlsam, lässt sie ihn machen und genießt.
Irgendwann kommt dann der Punkt, wenn er gut ist,
indem es für sie so richtig abgeht.
Ist dieser Punkt erreicht, verwandelt sie sich und ihr
unstillbares Verlangen übernimmt die Führung. Nichts
erinnert mehr an die anfängliche Zurückhaltung.
Warum denn nicht sofort so? Weil der Sex sich bei ihr
im Kopf abspielt und erst dann in den Körper übergeht.
Der Mann dagegen kann immer oder doch nicht? Ich
behaupte mal eher, der Mann will immer. Das kann
immer und will immer macht dabei einen großen
Unterschied. Frauen wollen doch auch Sex. Da bin ich
mir ganz sicher. Warum dann das Getue? Die Hormone
geben den Ausschlag. Wenn sie dann beim

Geschlechtsverkehr von ihrem Partner richtig gut stimuliert wird, kann sie plötzlich nicht genug von ihm bekommen.

Noch einmal zurück, zu dem Satz, der Mann kann immer. Meiner Meinung nach ist es genau umgekehrt. Die Damen könnten eigentlich immer, nur wollen sie dies nicht. Beim Mann muss sein bester Freund bereit sein, ist er es nicht, kann der Mann wollen so viel, wie er nur möchte, es wird nicht funktionieren. Dann kommen die Versagensängste plötzlich auf, der selbst aufgebaute Druck nimmt zu und es klappt immer weniger.

Bis zum Ende nur noch ein schlafender kleiner Freund sich total zurückzieht.

Dieses Problem haben Frauen nicht. Zu ihrer Not gibt es Gleitgels und der Spaß kann beginnen. Jetzt kann ja jeder sagen, für den Mann gibt es doch die kleinen blauen Pillen. Genau. Sildenafil ist eine Arznei der PDE-5-Hemmer und zählt zu der Gruppe gefäßerweiternder Substanzen. Doch was die meisten Menschen nicht wissen, ist, dass der kleine Mann von selbst aus dem Schlaf kommen muss. Die blaue Pille hilft ihn nur länger wach zu bleiben.

Ups, ich bin ein wenig vom eigentlichen Thema abgekommen und werde somit die letzten Sätze hiermit beenden.

Auch bei den Interessen liegen die Unterschiede zwischen Frau und Mann weit auseinander. Es gibt natürlich viele Gemeinsamkeiten doch ebenso viele unterschiedliche Ansichten. Zum Beispiel auf der Beziehungsebene. Wir hatten das Thema ja schon. Den Mann interessiert es weniger, wer wo, wie, was gemacht hat. Sie dagegen möchte oder muss solche Dinge wissen.

Sie: „Schatz, hörst du mir mal zu!"

Er: „Was ist denn? Habe gerade zu tun."

Sie: „Ist aber interessant."

Er: „OK."

Sie: „Du kennst doch die Frau, die in Hausnummer 17 wohnt, oder?"

Er: „Nee, nicht wirklich."

Sie: „Die, wo der Mann gestorben ist."

Er: „Nr.17 ist 300 Meter entfernt. Was weiß ich, wer dort wohnt oder verstorben ist."

Sie: „Dich interessiert aber auch gar nichts."

Er: „Was willst du mir denn sagen?"

Sie: „Also, vor drei Monaten ist ihr Mann verstorben und stell dir mal vor, die hat schon einen Neuen."

Er: „Das ging aber schnell."

Sie: „Mehr hast du nicht dazu zu sagen?"

Er: „Geht mich doch nichts an."

Sie: „Den kannte die doch bestimmt schon vorher."

Er: „Das kannst du doch nicht wissen."

Sie: „Wieso? Das sagen doch alle hier."

Er: „Wer ist alle?"

Sie: „Alle unsere Nachbarn."

Er: „Und du beteiligst dich an diesem Geschwätz?"

Sie: „Das ist kein Geschwätz."

Er: „Wenn du das sagst!"

Sie: „Überleg doch mal. Du kämpfst mit dem Tod und ich treffe mich mit jemand anderem."

Er: „Würdest du das tun?"

Sie: „Ich nicht, aber die von Nummer 17."

Er: „Das weißt du noch immer nicht."

Sie: „Wenn das alle sagen, wird da schon was dran sein."
Er: „Eigentlich interessiert mich die ganze Geschichte gar nicht."
Sie: „Typisch Mann."
Er: „Nee, typisch Frau."

Frauen brauchen das Gerede. Deshalb gibt es noch immer Illustrierte, die über prominente Menschen berichten. Ich habe noch nie gesehen, dass ein Mann diese Zeitungen kauft.
Es sind die alten Damen, die die erfundenen Geschichten, meist ohne Wahrheitsgehalt lesen.
Männer interessieren sich nicht dafür, ob irgendein weiblicher Schlagerstar angeblich schwanger ist. Es sei denn, er könnte der Vater dieses nicht existierenden, im Bauch anwachsenden Babys sein.
Auch die Artikel über das britische Königshaus würde kein Mann lesen. Der Sportteil der Tageszeitung oder eine Autoillustrierte sind seine bevorzugte Leselektüren. Die wiederum werden von den meisten Frauen ignoriert.
Was interessiert ihn im Gegensatz zu ihr überhaupt? Auch da gibt es genügend Beispiele. Eines wäre der Besuch im Autohaus. Wird ein neues Fahrzeug benötigt, kauft der Mann nicht das erst beste Auto. Er macht sich auf und sucht seinen neuen Gefährten. Denn eines sollte jede Dame wissen, der Mann und sein Auto werden eins. Er führt mit seinem Auto eine Art Partnerschaft. Deshalb besucht er stundenlang die Autohäuser, um sein Auto zu finden. Dabei fließen technische Informationen, von der die ihn begleitende Frau noch nie etwas gehört hat. Natürlich hat er sich

schon vorher tagelang im Internet informiert und kennt alle Einzelheiten, um in Verhandlungen zu gehen. Sie langweilt sich währenddessen zu Tode.

Es kommt der Punkt, an dem dem Schreiber, also mir, der Stoff zum Schreiben abhanden kommt. Das bedeutet, einfach eine kreative Pause einlegen. Manchmal fällt einem dann wieder etwas ein, dass man auf das Papier bringen kann. Es gibt aber plötzlich auch wieder Situationen, die einem im Leben einfach zugeflogen kommen.

Er: „Schatz sollen wir heute Abend einen Film gemeinsam gucken?"
Sie: „Oh ja, gerne."
Er: „Ich bestelle für jeden eine Pizza und wir machen es uns gemütlich."
Sie: „Das ist eine tolle Idee."
Er: „Das wird dann sicher ein schöner Abend."
Sie: „Was für ein Film möchtest du denn schauen?"
Er: „Im Fernsehen zeigen die einen Actionfilm mit Bruce Willis, den ich noch nicht kenne."
Sie: „Hm!"
Er: „Du findest doch Bruce Willis auch ganz gut."
Sie: „Muss es unbedingt der Film sein?"
Er: „Ich würde mich freuen, diesen Film mit dir zusammen anzuschauen."
Sie: „OK, wenn du unbedingt möchtest."

Die Pizza wurde gegessen. Die Gläser standen gefüllt auf dem Tisch und der Film fing an. Unser Actionheld war in einer Szene im Thailändischen Dschungel zu sehen. Plötzlich zeigte die Kameraperspektive einen angeketteten Elefanten.

Sie: „Oh, je. Siehst du den angeketteten Elefanten?"
Er: „Hm."
Sie: „Was für eine Tierquälerei."
Er: „Hm."
Sie: „Dass die so etwas im Film zeigen. Unvorstellbar. Der arme Elefant. Warum sagst du nichts dazu?"
Er: „Ich will nur den Film gucken."
Sie: „Stört es dich nicht, dass die Elefanten angekettet ihr ganzes Leben verbringen müssen?"
Er: „Doch."
Sie: „Und geschlagen werden die armen Elefanten auch noch."
Er: „Ich weiß."
Sie: „Das ist die reinste Tierquälerei. Ich habe da mal eine Reportage im Fernsehen gesehen. Ich hätte heulen können."
Er: „Ja?"
Sie: „Hörst du mir überhaupt zu?"
Er: „Ja doch."
Sie: „Genau wie im Zirkus. Alles Tierquäler."
Er: „Stimmt."
Sie: „Was hat der Bruce Willis gesagt?"
Er: „Keine Ahnung, du redest immer dazwischen."
Sie: „Habe doch auch recht mit den Elefanten."
Er: „Ja."
Sie: „So ist das in den südlichen Ländern. Tierschutz kennen die dort nicht. Die armen Kreaturen. Das ganze Leben in Gefangenschaft, geschlagen bis sie die Tiere gebrochen haben."
Er: „So ist es leider."

Sie: „Irgendwie weiß ich gar nicht worum es in den Film überhaupt geht."

Er: „Dann musst du mal ruhig sein und zuhören."

Sie: „Der Film ist gar nicht mein Geschmack."

Er: „Aber meiner."

Sie: „Ist nichts anderes dran?"

Er: „Ich möchte den Film gerne sehen."

Sie: „Kannst du doch ein anderes Mal. Alleine."

Er: „Habe sowieso nur die Hälfte mitbekommen. Du hast ja mehr gequasselt, als die Schauspieler im Film."

Sie: „Mich interessieren Filme nicht, wo Elefanten misshandelt werden."

Ich möchte jetzt nicht falsch verstanden werden. Natürlich hat sie in allem, was sie sagte recht und wir Männer unterstützen sie voll und ganz in ihrer Meinung. Doch in dem Dialog geht es um einen weiteren Unterschied zwischen Frau und Mann und um keinen Elefanten. Während sie ihm im Film die Ohren voll erzählt und nichts mitbekommt, versucht er den Film noch zu folgen. Frauen reden nun mal beim Blockbuster, während die Männer den Film in aller Stille genießen wollen.

Was die Damen noch besser als bei einem Film zu reden können, ist bei der Sportschau störend zu quasseln.

Das trifft nicht auf alle, aber auf die meisten Frauen zu.

Noch ein anderes ähnliches Beispiel. Er macht den Fernseher in seinem Zimmer an. Ja, seit die Kinder aus dem Haus sind, hat er, aber auch sie ein eigenes Hobbyzimmer. Eigentlich wollte er einen Film gucken.

Der Fernseher ging an und der Sender, der gerade lief, sendete eine Quizshow. Noch bevor er umschalten konnte, hörte er sie folgendes rufen: „Oh, das will ich gucken."

Er: „Ich wollte einen Film sehen."

Sie: „Ich gucke immer diese Quizshow."

Er: „Kannst du doch auch, im Wohnzimmer."

Sie: „Ich möchte gerne mit dir Fernsehen schauen oder willst du mich nicht bei dir haben?"

Er: „OK, dann lass uns zusammen sehen, was der Kandidat im Fernsehen macht."

Sie: „Das ist lieb von dir."

Er: „Ist schon okay."

Sie: „Heute ist der Finaltag und die Kandidaten spielen um 1 Million Euro. Ich habe das schon die ganze Woche gesehen."

Er: „Eine Million könnte ich auch gut gebrauchen."

Sie: „Das Problem ist nur, die Kandidaten müssen ihr gewonnenes Kapital einsetzen, um um die Million zu spielen und wenn sie verlieren, ist ihr Geld weg."

Er: „Hm, das ist dann zu überlegen."

Sie: „Wie war die Frage des Showmasters?"

Er: „Habe ich nicht mitbekommen."

Sie: „Wir müssen jetzt mal ruhiger sein, sonst bekommen wir ja nichts mit."

Er: „Liegt an dir."

Sie: „Ich nehme Antwort B."

Er: „B ist falsch!"

Sie: „Warum?"

Er: „Weil Antwort C richtig ist."

Sie: „Woher willst du das wissen?"

Er: „Keine Ahnung, ich weiß es einfach."

Sie: „Es kann aber auch Antwort D sein."

Er: „Nein. Antwort C ist richtig."
Sie: „Du hast auch nicht immer recht."
Er: „Dieses Mal ist es aber so."
Sie: „Ich nehme A."
Er: „Ich bleibe bei C."

Kurz darauf wird die richtige Antwort eingeblendet und zwar Antwort C.

Er: „Habe ich doch gesagt."
Sie: „Ich wollte eigentlich auch Antwort C nehmen, aber mit deinem Gequatsche hast du mich total verwirrt."

Sie: „Wow, der Kandidat, der jetzt kommt, ist ein toller Typ. Ihm gönne ich die Million."
Er: „Hm."
Sie: „Er ist im Waisenhaus aufgewachsen und hatte eine schlimme Kindheit. Der ist noch Single. Guck mal, der sieht gut aus. Hat ein nettes Lächeln. Wie war die Frage?"
Er: „Habe ich nicht mitbekommen, weil ich dir zugehört habe."
Sie: „Und jetzt müssen wir bis nach der Werbung warten."
Er: „Ich gehe dann mal ins Bad."
Sie: „Beeile dich, geht sofort weiter."

Er: „Bin wieder da. Warum hast du umgeschaltet?"
Sie: „Ich wollte keine Werbung sehen."
Er: „Jetzt haben wir die richtige Antwort verpasst."
Sie: „Warum musstest du auch aufstehen?"
Er: „Ich musste mal."

Sie: „Deinetwegen haben wir jetzt die Antwort nicht mitbekommen."
Er: „Wer hat denn umgeschaltet?"
Sie: „Nur weil du aufgestanden bist."
Er: „Meine Blase war voll."
Sie: „Oh, der ist ja schon bei der 50000 Euro-Frage. Haben jetzt viel verpasst."
Er: „Ja, wir quasseln auch nur."
Sie: „Willst du deine Ruhe haben? Ich kann ja runter ins Wohnzimmer gehen."

Vorsicht, Männer, das ist eine typische Frauenfalle! Wer jetzt, wie in der Quizshow nicht richtig antwortet, verspielt seinen Einsatz bei ihr. Sie erwartet natürlich, dass sie da bleiben darf und ihr weiter mit ihr kommuniziert. Egal, wie sehr ihr ja sagen möchtet, tut es nicht. Erduldet lieber die störenden Kommentare, die euch völlig von dem Quiz ablenken, denn wenn ihr sie jetzt aus dem Zimmer verbannt, hängt der Haussegen schief.

Sie: „Welche Antwort hat der gegeben?"
Er: „Weiß ich nicht. Ich war in Gedanken."
Sie: „Welchen Gedanken gehst du während der Quizshow nach?"
Er: „Nichts von Belang."
Sie: „Hast du etwa Geheimnisse vor mir?"
Er: „Nee."
Sie: „Dann sage mir doch einfach, worüber du gerade nachgedacht hast."
Er: „Ich versuche, der Quizshow zu folgen."
Sie: „Störe ich dich etwa?"

Wieder Vorsicht, zweite Falle!

Er: „Nee."
Sie: „Was ist das denn für eine Frage? Terpene? Noch nie gehört."
Er: „Kenne ich auch nicht."
Sie: „Du weißt doch sonst immer alles. Ich tippe auf Antwort D."
Er: „Hm?"
Sie: „Oder doch lieber Antwort A."
Er: „Terpene? Noch nie gehört."
Sie: „Waldbad? War das die Antwort des Kandidaten?"
Er: „Habe ich nicht mitbekommen."
Sie: „Wieder Werbung. Schalte mal um."
Er: „Ich möchte unbedingt die Antwort wissen."
Sie: „Dauert noch was. Kannst ruhig kurz umschalten."
Er: "Nee, lieber nicht. Das interessiert mich wirklich."

Sie schaltet trotzdem um. Jetzt ärgert er sich, die Fernbedienung in ihrer Reichweite liegen gelassen zu haben.

Er: „Ist immer noch Werbung?"
Sie: „Oh, so ein Mist. Haben die Antwort verpasst."
Er: „Wozu gucken wir die Quizshow überhaupt? Du redest in einer Tour, so das keiner etwas mitbekommt. Dann schaltest du immer um und vergisst rechtzeitig zurückzuschalten. Du machst mich manchmal wahnsinnig."

Das war ein Fehler. Ohne irgendeinen weiteren Kommentar stand sie auf und verließ den Raum. Das letzte was er mitbekam, war ihr Schmollmund.

Die nächsten Tage wird er die Suppe auslöffeln müssen und das ganz alleine.

Frauen wollen sich während der Abendshow im Fernsehen unterhalten, während die Männer sich auf das Programm in Ruhe konzentrieren wollen.

Dieses Beispiel zeigt mal wieder. Wie unterschiedlich Männer und Frauen ticken.

Übrigens Terpene sind chemischen Verbindungen, die in vielen Pflanzen und sogar einigen Insekten vorkommen. Sie sind organische Verbindungen, die aus Isopren bestehen. Terpene sind für den charakteristischen Geruch und Geschmack vieler Pflanzenarten verantwortlich. Sie sind organische Verbindungen, die aus dem Grundbaustein Isopren aufgebaut sind. Wenn wir uns während unseres Waldspaziergangs diesen Terpenen aussetzen, reden wir von einem für den Körper und Geist wohlwollenden Waldbad.

Sie: „Hallo Schatz, was findest du eigentlich nach 25 Ehejahren noch gut an mir?"
Er: „Äh?"
Sie: „Hast du mich nicht verstanden?"
Er: „Doch."
Sie: „Und?"
Er: „Ich überlege noch."
Sie: „Was gibt es denn da zu überlegen?"
Er: „Äh."
Sie: „Das gibt es doch gar nicht. Findest du nichts, was dir an mir noch gefällt?"
Er: „Doch."

Sie: „Also gibt es nichts mehr, dass du an mir gut findest? Liebst du mich überhaupt noch?"
Er: „Natürlich, ich habe dich doch geheiratet."

Dieses Gespräch ist typisch Mann. Er ist leider nicht in der Lage, seine Frau zu verstehen und ihr die richtigen Antworten auf ihre Fragen zu geben. Wenn es um einen Dialog mit seiner Frau kommt, kann der Mann sich von einer Sekunde auf die andere wieder in die Neandertalerzeit zurückversetzen und sich prähistorisch benehmen.
Viele Frauen nicken jetzt sicherlich mit dem Kopf und bestätigen meine Aussage.

Gleichberechtigung ist gut, muss auch sein, aber nicht überall sollte eine Frauenquote eingeführt werden. Bei der Auswahl der Bewerber eines Jobs, sollten nur die Fähigkeiten, den Job am besten ausführen zu können, für die Besetzung ausschlaggebend sein. Warum? Es gibt hier zu große Unterschiede zwischen Frau und Mann. Es gibt halt Berufe, die für eine Frau ungeeignet sind. Für kein Unternehmen ist es von Vorteil, wenn er eine Stelle mit einer ungeeigneteren Person besetzt, nur um die Frauenquote erreichen zu wollen. Wir alle stehen national und international im Wettbewerb mit der Konkurrenz und dann einen Posten mit einer weniger geeigneten Person zu besetzen wäre kontraproduktiv. Es gibt nun mal Berufe, in denen Frauen wegen ihrer körperlichen Unterlegenheit dem Man gegenüber im Nachteil sind. Ein solcher Berufszweig wäre zum Beispiel der Bergbau unter Tage. Bei der Berufsfeuerwehr werden Frauen eingestellt, nur um die Frauenquote einzuhalten und der geeignete männliche

Kandidat wird deshalb abgelehnt. Im Einsatz schafft die Dame dann aber keinen unter Wasserdruck stehenden B-Schlauch zu ziehen.
Es tut uns leid, aber ihr Haus ist abgebrannt, weil wir die Wasserschläuche nicht gezogen bekommen haben. Also, Frauen und Männer sind nicht gleich. Im Gegenteil, sie sind verschieden und deshalb sollte jeder die Kirche im Dorf lassen, wenn es um in irgendwelchen Frauenquoten in zu besetzenden Positionen geht.

Gleichberechtigung gilt für alle und bei der Vergabe von Jobs, sollte der geeignetere Kandidat, egal ob Männchen oder Weibchen das Rennen machen sollen.

Es gibt da eine Sache, bei der sind Frauen den Herren weitaus überlegen. Sie wissen ganz genau ihre Reize einzusetzen, um ihre Ziele zu erreichen. Umgekehrt würde der Mann, egal wie sehr er sich bemüht, bei den meisten Frauen keinen Erfolg haben. Männer sind in diesem Fall, wie ihre prähistorischen Urahnen triebgesteuerte Marionetten, dessen Fäden die Dame in ihren Händen hält. Die Waffen einer Frau, von ihr richtig eingesetzt und er schmilzt in ihren Händen, wie die Butter in der Sommersonne dahin. Er kann sich naturgemäß gar nicht dagegen wehren, seine Gene lassen nichts anderes zu. Und die Frauen setzen diesen Joker gerne und oft ein. Kombiniert mit dem zu Anfang kennengelernten Schmollmund erreichen sie so ihre Vorhaben.
Im Endeffekt bestimmt die Frau in einer intakten Beziehung, wo es lang geht. Er dagegen glaubt nur den

Weg vorzugeben. Nur so lenken die Frauen den Mann zum Traualtar.

Ich bin gerade mitten in der Nacht aufgewacht und ich schrieb diesen Text für ein Lied. Das Geschriebene gibt zwar nicht den Unterschied zwischen den beiden Geschlechtern wider, passt aber trotzdem irgendwie hier herein. Ich bin der Meinung, aus dem Text könnten die Ärzte einen Hit machen.

Verrückt nach dir

An einem heißen Sommertag sah ich dich auf der Wiese unseres Freizeitbads.
Im Bikini lagst du dort ganz allein, ich sprach dich an, es musste sein.
Du schautest mir blinzelnd ins Gesicht, dein Lächeln war dann nur für mich.

Im Freibad lernten wir uns kennen,
jetzt darf ich dich meinen Engel nennen.
Nie mehr möchte ich ohne dich sein, nie mehr lasse ich dich allein.
Ich bin einfach nur verrückt nach dir.
Ich hoffe, es geht dir genau wie mir?

Beim Schwimmen hatten wir unseren Spaß, zum ersten Mal nahm ich dich in den Arm.
Es folgte noch der erste Kuss, man, das war der pure Genuss.
Seitdem bin ich verliebt in dich, deinen Freund nennst du mich.

Im Freibad lernten wir uns kennen,
jetzt darf ich dich meinen Engel nennen.
Nie mehr möchte ich ohne dich sein, nie mehr lasse ich
dich allein.
Ich bin einfach nur verrückt nach dir.
Ich weiß, es geht dir genau wie mir?

An der Bude kaufte ich dir ein Eis, für ein Zweites hat
mein Geld nicht gereicht.
An dem Eis durfte ich einmal lecken, ich wollte dich
unbedingt wieder treffen.
Dein Kuss danach schmeckte nach Vanilleeis, von da
an war ich für mehr bereit.

Im Freibad lernten wir uns kennen,
jetzt darf ich dich meinen Engel nennen.
Nie mehr möchte ich ohne dich sein, nie mehr lasse ich
dich allein.
Ich bin einfach nur verrückt nach dir.
Ich hoffe es geht dir genau wie mir?

Jahre später bist du meine Frau geworden, nichts hat
unsere Liebe seitdem verdorben.
Nun sitzen wir wieder in unserem Freizeitbad,
an gleicher Stelle auf unserem Platz.
Ich liebe dich immer noch wie am ersten Tag, alles
andere wäre Verrat.

Im Freibad lernten wir uns kennen,
jetzt darf ich dich meinen Engel nennen.
Nie mehr möchte ich ohne dich sein, nie mehr lasse ich
dich allein.
Ich bin einfach nur verrückt nach dir.

Auch dir, geht es genauso wie mir!
Der nächste Text könnte vielleicht auch hier
hingehören.

Unerreichbar

Es war um mich geschehen als ich dich zum ersten
Male sah.
Ich kann es nicht beschreiben, was damals mit mir
geschah.
Wie ein Engel gingst du an mir vorbei.
Sofort träumte ich von einer Liebelei.
Du lächeltest mich aus der Entfernung an.
Mein Herz geriet sofort in deinen Bann.

Du warst so heiß, so heiß,
so heiß, dass ich dahingeschmolzen bin.
Du warst so hübsch, so hübsch,
so hübsch, dass ich ein Engel in dir sah.
Du warst so nett, so nett,
so nett, dass ich kniend um dich warb.

Ein erstes Wort von dir an mich und ich erschrak.
Mein Herz blieb einfach stehen, mit seinem
übernächsten Schlag.
Deine Augen blickten tief in mich hinein.
Ich dachte, dass alles, kann doch nicht die Wirklichkeit
sein.
Deine Schönheit hielt mich an dir fest und wir
unterhielten uns zum ersten Mal ganz nett.

Du warst so heiß, so heiß,
so heiß, dass ich dahingeschmolzen bin.

Du warst so hübsch, so hübsch,
so hübsch, dass ich ein Engel in dir sah.
Du warst so nett, so nett,
so nett, dass ich kniend um dich warb.

Ein paar Tage später läutete mein Telefon.
Als ich deine Stimme hörte, schwebte ich in einer
anderen Dimension.
Perfekt gekleidet und geschminkt standest du dann vor
meiner Tür.
Sofort hatte ich mich in dich verliebt und konnte nichts
dafür.
Dein Blick blieb fest haften, tief in meinem Herzen.
Ich war nervös und wollte es mir nicht mit dir
verscherzen.

Du warst so heiß, so heiß,
so heiß, dass ich dahingeschmolzen bin.
Du warst so hübsch, so hübsch,
so hübsch, dass ich ein Engel in dir sah.
Du warst so nett, so nett,
so nett, dass ich weiter um dich warb.

Doch ein Paar wurden wir leider nie.
Das was blieb war nur die Empathie.
Mein Traum zerplatzte wie eine aufgeblähte
Seifenblase.
Du kamst nicht mehr und ich blieb allein in meiner
wunderschönen Ekstase.
Noch heute blicke ich verliebt in die Zeit zurück
und noch immer bin ich schwer von dir entzückt.

Du warst so heiß, so heiß,

so heiß, dass ich dahingeschmolzen bin.
Du warst so hübsch, so hübsch,
so hübsch, dass ich ein Engel in dir sah.
Du warst dann weg, dann weg,
dann weg, unerreichbar weit für mich weg.

Unerreichbar weit für mich weg.

Die lesenden Männer werden jetzt mit dem Kopf
schütteln und denken wie kitschig. Ist mir egal. Die
beiden Texte sollen euch, meine lieben Freunde, auch
gar nicht erreichen. Frauen sind sehr viel einfühlsamer
als ihr Kerle und deshalb sind die beiden Liedtexte nur
für die Damen dieser Welt.
Natürlich ist eine Bearbeitung und
Weiterveröffentlichung nur mit meiner schriftlichen
Genehmigung gestattet.

Manchmal fragen wir Männer uns, könnten Frauen
überhaupt alleine, ohne männlichen Partner in einer
Wohnung oder Haus leben?
Warum wir uns das fragen, versuche ich mit den
nächsten Worten zu beantworten.

Sie: „Schatz, der Wasserhahn tropft."
Er: „Schon wieder? Ich habe den doch erst vor kurzem
ausgewechselt. Du darfst den Hahn nicht zu fest
anziehen, sonst presst du das Dichtgummi kaputt und
der Hahn tropft.
Aber das habe ich dir doch beim letzten Mal schon
gesagt."

Sie: „Schatz, irgendwie wäscht die Waschmaschine nicht mehr richtig."

Er: „Schatz, guck mal hier, ich zeige es dir noch einmal. Ab und zu musst du das Sieb hier reinigen. Dann wäscht die Maschine auch wieder richtig."

Die Geschichte mit dem Staubsauger oder Fernseher kennen wir ja bereits.

Doch die Liste könnte unendlich lang sein.

Sie: „Schatz, der Strom ist aus."

Er: „Was hast du gemacht?"

Sie: „Ich? Wieso?"

Er: „Irgendetwas musst du getan haben. Der Strom geht ja nicht von alleine aus."

Sie: „Nix."

Er: „Dann mach den RI-Schalter wieder rein."

Sie: „Den was?"

Er: „Die Hauptsicherung."

Sie: „Wo ist das?"

Er: „Habe ich dir doch schon dreimal gezeigt."

Sie: „Nee, hast du nicht."

Er: „Ich komme runter in den Keller. Siehst du, hier ist der Sicherungskasten. Das hier sind die einzelnen Sicherungen, sind alle beschriftet. Hier der RI-Schalter. Strom wieder da."

3 Minuten später, ist der Strom wieder weg. Er kommt in die Küche und sieht warum die Sicherung angeschlagen hat.

Er: „Kochst du auf alle 4 Platten?

Sie: „Ja, ich habe viel zu tun und mir läuft die Zeit davon."

Er: „Die Mikrowelle benutzt du auch?"
Sie: „Aber nur kurz. Bin noch am Staubsaugen."
Er: „Das Radio läuft auch?"
Sie: „Ja."
Er: „Die Klimaanlage läuft auch auf höchster Stufe"
Sie: „Der Sommer ist einfach zu heiß. Ich bin froh, das Ding zu haben."
Er: „Im Backofen backt der Kuchen?"
Sie: „Ja, der Besuch kommt ja schon gleich."
Er: „Entschuldige, der Stromausfall lag an mir, hätte nicht warm duschen sollen. Der Durchlauferhitzer hat wohl den RI-Schalter ausgelöst."
Sie: „Typisch Mann."

Sie: „Schatz, das Internet funktioniert nicht mehr."
Er: „Hast du den Router mal vom Strom abgeschaltet und nach einer Minute wieder eingeschaltet?"
Sie: „Nee, warum?"
Er: „Weil ich es dir schon ein paar Mal erklärt habe."

Es könnte jetzt bis Seite 1000 so weiter gehen, doch ich beende meine Beispiele hier. Es geht ja nicht darum, so viele Punkte zu finden, um die Unfähigkeit der Frauen im Haus aufzuzählen.
Liebe Männer, denkt bitte immer an den Kühlschrank und eure Suche. Auch ihr seid nicht wirklich besser. Ich frage mich nur, wie kommen alleine lebende Frauen ohne Partner klar? Klingeln sie jedes Mal beim immer helfenden Nachbarn? Wenn ja, denkt daran, seine Ehefrau ist eifersüchtig und wird die Hilfe ihres Gatten schnell unterbinden.

Und noch ein Mal zu unserem Paar. Einige Zeit ist durchs Land gegangen. Die Zwillinge sind erwachsen und haben mittlerweile selber Familien gegründet. Das Pärchen darf sich nun Oma und Opa nennen. Dieses Jahr zum Jahreswechsel lud Oma die ganze Familie zur Silvesterparty ein.
Nervös arbeitete sie die akribisch geplanten Punkte ab, bevor der Besuch nach und nach eintrudelt.

Sie: „Schatz, hast du alle Getränke besorgt?"
Er: „Ja natürlich, vorgestern schon. Habe ich dir doch gesagt."
Sie: „Ist der Tisch gedeckt?"
Er: „Ich habe den Tisch im Esszimmer gedeckt."
Sie: „Nee falsch. Wir gehen in den Wintergarten."
Er: „Es regnet draußen bei 7 Grad."
Sie: „Mach den Ofen an."
Er: „Das schafft der Ofen nicht."
Sie: „Mach ihn trotzdem an und pack die Sitzpolster aus den Tüten. Nicht dass diese feucht sind."
Er: „Der Gasofen ist an."

Eine gute Stunde später.

Sie: „Schatz?"
Er: „Ja?"
Sie: „Warum ist der Ofen aus? Verdammt kalt hier."
Er: „Keine Ahnung. Muss ich nachgucken."
Sie: „Dann beeile dich bitte."
Er: „Die Gasflasche ist leer. Habe noch eine angefangene Gasflasche aus dem Wohnmobil angeschlossen."
Sie: „Gut."

Er: „Ist aber nicht mehr viel drin. Ich muss noch mal los und eine neue Gasflasche besorgen."
Sie: „Jetzt noch? Guck mal auf die Uhr. Wo kriegst du denn jetzt noch eine Gasflasche her?"
Er: „Ich beeile mich."
Sie: „Nimm den Hund mit. Der muss noch Gassi gehen, bevor alles beginnt."

Eine Stunde später.

Sie: „Warum hat das so lange gedauert?"
Er: „Habe überhaupt Glück gehabt, eine Gasflasche bekommen zu haben. Hatten fast alle schon zu. Dann musste ich ja noch mit dem Hund raus. Der hatte aber Angst, die knallen nämlich schon."
Sie: „Der Ofen ist wieder aus."
Er: „Habe ich mir schon fast gedacht. Deshalb bin ich ja noch mal losgefahren."
Sie: „Dann sieh zu, dass der Ofen jetzt an bleibt und der Wintergarten warm wird. Die Kinder kommen gleich."

Der Ofen lief auf höchster Stufe und langsam stieg die Temperatur im Wintergarten an. Doch 17 Grad waren den Kindern und der Enkelin nicht warm genug und deshalb wurde dann doch im Esszimmer gegessen.

Sie: „Da wir jetzt alle fertig gegessen haben, sollen wir nicht in den Wintergarten gehen?"

Eine gute Stunde später.

Enkelkind: „Oma, mir ist kalt."

Sie: „Wird gleich wärmer."
Tochter: „Mir ist auch nicht wirklich warm."
Sie: „Wollt ihr wieder reingehen?"
Enkelkind: „Ja."
Sie: „Schatz, bringst du die Sachen rein?"
Er: „OK."

Etwas später hat er mit seinem Schwiegersohn alles
hineingetragen und sogar die Sitzkissen wieder in die
Tüten gepackt. So konnten diese nicht feucht werden.

Sie: „Hast du die Polster der Stühle eingeräumt?"
Er: „Ja, damit die nicht feucht werden."
Sie: „Wieso? Hast du etwa den Ofen ausgemacht?"
Er: „Na klar. Wir wollten doch alle reingehen."
Sie: „Wir gehen doch nachher wieder raus."
Er: „Das wird aber nicht mehr warm."
Sie: „Mach den Ofen wieder an und leg die Polster
wieder auf die Stühle."

Hinausgegangen ist an diesem Abend niemand mehr.
Nur vor der Haustür, um sich das Feuerwerk am
Nachthimmel anzuschauen.
Der Gasofen arbeitete umsonst auf Hochtouren.
Unnötig viel Gas für nichts verbraucht. Aber das ist mal
wieder ein typischer Fall von Frau. Warum einfach
machen, wenn es auch kompliziert geht?

Was wissen wir bis jetzt über Frauen und Männer? Sind wir nun klüger geworden? Wenn wir ehrlich sind, ich glaube nicht. Alles das, was auf den vielen Seiten von mir geschrieben wurde, wussten wir auch schon vorher. Frauen und Männer können unterschiedlicher gar nicht sein. Trotzdem und genau das ist der Grund, warum sie als Paar funktionieren. Wir haben beim Lesen viel geschmunzelt, sind manchmal in uns gegangen und haben uns ab und zu auch wiedererkannt. Wir sollten immer miteinander kommunizieren und zusammen lächeln, dann funktioniert das Zusammenleben über Jahre oder bei viel Glück auch für immer.

Wenn jemand seinen Partner oder Partnerin wirklich liebt, egal von welcher Seite aus, sollte man einfühlsam, liebevoll, freundlich und entgegenkommend sein. Dazu sich selber nicht zu ernst nehmen, Vertrauen geben und vor allem sollte man verzeihen können.

Viele Wörter, die schwer, alle immer einzuhalten sind. Versucht es trotzdem. Denn wenn es in der Partnerschaft nach vielen Jahren des Zusammenlebens nicht mehr klappt, weil die oben beschriebenen Dinge nicht mehr möglich waren, ist die Beziehung kaputt und das will niemand, glaubt mir das. Trennung, Schmerz, Liebeskummer, Stress, Unterhaltsstreit, Einsamkeit, Wut und Enttäuschung, das alles wartet auf euch. Zumindest am Anfang eurer Trennung.

Keine tollen Aussichten, oder? Sollte noch ein Fünkchen Liebe in euch sein, bemüht euch und der ganze Stress bleibt euch erspart. Es wird sonst bestimmt nicht besser werden. Sollte die Liebe zu eurem Partner aber total erloschen sein, macht das Zusammenleben auch keinen Sinn mehr. Dann wäre ein konstruktives Gespräch, ohne dass sich die Säbel fetzen, angebracht. Versucht euch dann gütig zu einigen. Alles andere bedeutet nämlich wieder Stress. Das Beste wäre natürlich, es gar nicht so weit kommen zu lassen. Denkt immer daran, was ihr habt, kennt ihr, was ihr bekommen werdet, wisst ihr nicht!

Leider bin ich so dumm und halte mich selbst nicht an meine eigenen Vorschläge. Manchmal steht mir der Stolz und die eigene Eitelkeit im Weg. Trotz alledem weiß ich es natürlich besser und ich habe mir vorgenommen, an mich zu arbeiten. Wer sagt denn eigentlich, dass das Zusammenleben einfach wäre? Ohne Kompromisse einzugehen, ist eine perfekte Partnerschaft nicht zu erreichen.

Dabei stellt sich eine Frage über alle anderen. Ist der Mensch, also Frau und Mann überhaupt für die Monogamie geschaffen?

Um monogam zu leben, ist das oberste Gebot natürlich treu zu sein. Hier fängt das Problem von vielen Menschen schon an. Frauen können dabei sexuell eher treu als Männer bleiben. Einige Wissenschaftler meinen sogar, dass der Mensch nach ewiger Liebe schmachtet, aber eher polygam als monogam leben kann.

Polyamorie dagegen, funktioniert aber auch nicht ewig. Zumindest nicht in einer Beziehung. Partner, die in einer funktionierenden monogam geführter Ehe leben, leiden dagegen weniger an Depressionen als die polygame Lebensweise.

Es gibt aber auch Behauptungen, dass uns die Monogamie von der christlichen Kirche diktiert wurde. Es gibt da ja auch durchaus andere Beispiele, wo eine Vielehe erlaubt ist. Wenn wir uns für die Monogamie entscheiden, unterdrücken wir dann nicht unseren

natürlichen Trieb uns vermehren zu wollen? Seit über 1000 Jahren wird uns beigebracht, in einer Einehe zu leben. Wollen oder können wir das überhaupt?
Auch hier ist die Wissenschaft sich mehrheitlich einig. Die Frau ist eher dazu in der Lage als der Mann monogam zu leben. Aber dies vielleicht 40, 50 oder 60 Jahre? Hat sich noch nie jemand selbst bei dem Gedanken erwischt, an einer anderen verbotenen Frucht zu naschen? Zumindest bei dem Gedanken. Wo hört die Monogamie denn auf?
In der Praxis oder reicht da schon der theoretische Bereich?
Monogamie ist einfach gesagt, mit nur einer Person in einer Beziehung zu leben. Nur mit dem einen Partner Sex zu haben oder nicht, sagt eigentlich nichts über Monogamie oder Polygamie aus. In der modernen Gesellschaft gibt es immer öfter offene Beziehungen. Diese Partnerschaften sind für die praktizierenden Partner auch eine monogam geführte Partnerschaft. Das einzige Problem dabei erwähnte ich schon. Es gibt von dieser Art der Beziehung nicht viele, die für immer halten. Egal wie wir uns entscheiden, wir alle, egal ob Frau oder Mann bezahlen für unsere Lebensweise. Wir bezahlen, in dem wir das eine unterdrücken müssen oder wir bezahlen mit dem Risiko einer Trennung von unserem Partner. Wie in allen anderen Bereichen des Lebens bekommen wir auch für unsere Liebe die Rechnung. Wie oder womit wir dann bezahlen und wie wir damit umgehen, liegt ganz allein an jedem selbst. Was ist uns die Monogamie und ihr Preis wert? Am Ende des Lebens sollte nur niemand sagen, hätte ich mal lieber alles anders gemacht. Warum schreibe ich überhaupt über die Monogamie? Um auch hier den

Unterschied zwischen einer Frau und einem Mann aufzuzeigen. Denn Frauen sind prozentual gesehen treuer als Männer. Das wird auch wohl der Grund sein, warum Frauen in Swingerclubs keinen Eintritt bezahlen und Männer für den Einlass tief in die Tasche greifen müssen.

Angebot und Nachfrage regeln auch hier, wer im Leben bezahlen und wer nicht bezahlen muss. Vielleicht hätte ich hier ein anderes Beispiel nehmen sollen, doch das mit dem Swingerclub fiel mir als Erstes ein und ist passend zur Polygamie.

Sie: „Schatz, gehen wir Samstag wieder in den Club?"
Er: „Möchtest du denn unbedingt dort hin?"
Sie: „Ja, natürlich. Sonst hätte ich nicht gefragt."
Er: „Was ist das Motto am Samstag?"
Sie: „Gang Bang."
Er: „Bist du sicher?"
Sie: „Warum sollte ich mir nicht sicher sein?"
Er: „Es werden viele Kerle da sein und alle wollen dich."
Sie: „Du passt doch auf mich auf, oder?"
Er: „Muss ich ja."
Sie: „Es macht mich scharf, wenn ich weiß, dass du mir dabei zuschaust."
Er: „Ich weiß."
Sie: „Auch wenn du mit einer anderen Frau spielst und ich gucke zu, macht mich das an."
Er: „Ich liebe aber nur dich."
Sie: „Und ich nur dich."
Er: „Warum machen wir das dann?"
Sie: „Weil es mich heiß macht und unserem Liebesleben guttut."

Er: „Ich hätte nie gedacht, dass ich so etwas je machen würde."

Sie: „Du hattest doch beim letzten Mal auch Spaß gehabt."

Er: „Ja, ist schon komisch, zu sehen, wie du mit anderen Männern und Frauen intim bist."

Sie: „Besser als fremdgehen, oder? So bist du bei mir und ich bei dir dabei und wir wissen genau, was der andere treibt. Außerdem macht es mich unwahrscheinlich an, zu sehen, wie du mit fremden Frauen Sex hast."

Er: „Ich schaue anderen auch gerne beim Sex zu, aber ein bisschen eifersüchtig bin ich bei dir schon."

Sie: „Musst du nicht sein. Wir beide gehören zusammen und bleiben es auch. Der Club ist nur dafür da, um unsere sexuellen Fantasien auszuleben."

Er: „Das ist es ja. Warum können wir das nicht einfach so machen, wie normale Paare es auch tun?"

Sie: „Weil wir beide nicht normal sind."

Er: „Sind wir das nicht?"

Sie: „Schatz, ich brauche das ab und zu und ich möchte das nicht heimlich machen müssen. Besser mit dir, als ohne dich. Es kommt in mir hoch und das Verlangen nach fremder Haut wird von Tag zu Tag immer größer. Was soll ich dagegen tun? Es reicht mir nicht, nur mit dir den Beischlaf auszuüben."

Er: „Du bist nymphomanisch veranlagt."

Sie: „Das streite ich nicht ab. Aber es ist nicht so, dass ich jeden verdammten Tag dort hin muss. Einmal im Monat dort Spaß in sexueller Hinsicht haben, dazu gut essen und saunieren, sexy anziehen und feiern, das möchte ich gerne. Solltest du dazu nicht bereit sein, müsste ich allein in den Club fahren."

Er: „Irgendwie fühle ich mich erpresst und in die Ecke getrieben."
Sie: „Und nun? Willst du mir sagen, du möchtest den Club nicht mehr betreten?"
Er: „Hm, eigentlich ja."
Sie: „Das wundert mich nach dem letzten Mal aber. Kein Problem, ich fahre dann ohne dich zum Feiern in den Club."

Na, mal ganz ehrlich, wem gefiel der letzte Dialog? Ich glaube, den meisten ging es beim Lesen, wie mir, nämlich ein wenig unverständlich. Wie kann jemand Spaß dabei haben, wenn der Partner sich sexuell mit Fremden vergnügt und dabei zuschaut? Ich möchte hier niemanden verletzen oder sogar verurteilen. Jeder sollte sein Leben so leben, wie er oder sie es für richtig hält. Es gibt mit Sicherheit genügend Männer, Frauen oder Paare, die sich regelmäßig in Clubs amüsieren. Bei mir, das Gespräch des Pärchens ist übrigens frei erfunden, war jetzt die Frau die treibende Kraft. Normalerweise ist es aber andersherum. In solchen Etablissements sind die Herren meistens in der Überzahl. Die Statistik zeigt aber auch, dass die Partnerschaften der Clubbesucher nicht für die Ewigkeit bestimmt sind. In unserem Fall wird der Mann es irgendwann nicht mehr schaffen und seine Frau verlassen. Das ist der Preis, den sie dann bezahlen müssen wird.

Wir haben ja schon den Dialog, mit der Fahrt nach Frankfurt am Main, die in Frankfurt an der Oder endete, gelesen. Außerdem wissen wir, dass Frauen viel mehr Wörter am Tag als Männer reden müssen. Doch wer nun meint, dass mehr reden auch besser zuhören heißt, der liegt mit der Wahrheit im Argen. Frauen speichern das, was sie nicht interessiert, gar nicht erst ab.

Er: „Schatz, hörst du mal zu?"
Sie: „Ja natürlich, was gibt es denn?"
Er: „Morgen, in 4 Wochen, spielen wir mit der Mannschaft in Gelsenkirchen Fußball. Danach hat der Bernd uns zu einem kleinen Grillabend eingeladen."
Sie: „Auch uns Frauen?"
Er: „Nee, nur wir Männer."
Sie: „Warum erzählst du es mir dann?"
Er: „Damit du Bescheid weißt."
Sie: „Welchen Grund gibt es für die Einladungen?"
Er: „Bernd wird zum zweiten Mal Vater."
Sie: „Junge oder Mädchen?"
Er: „Keine Ahnung."
Sie: „Wie, keine Ahnung? Das fragt man doch."

Er sagte daraufhin nichts mehr, denn seiner Meinung nach hatte er ihr alles erzählt. Vier Wochen vergingen dann auch wie im Fluge.
Er packte, kurz bevor er das Haus verlassen wollte, die Trainingstasche und ging zu ihr, um sich zu verabschieden.

Sie erstaunt: „Hm, was machst du da?"
Er: „Ich gehe zum Spiel."

Sie: „Du gehst wohin?"

Er: „Zum Fußball."

Sie: „Wann wolltest du mir das denn erzählen?"

Er: „Habe ich doch."

Sie: „Wann soll das denn gewesen sein?"

Er: „Vor ungefähr 4 Wochen."

Sie: „Und warum weiß ich davon nichts?"

Er: „Weil du nicht richtig zuhörst."

Sie: „Ich höre immer zu."

Er: „Anscheinend nicht."

Sie: „Hättest es mir doch noch einmal sagen müssen."

Er: „Ich habe es dir doch gesagt."

Sie: „Hast du nicht. Und wenn doch, warum erzählst du's mir dann nicht in den letzten Tagen?"

Er: „Einmal darüber reden, sollte doch reichen."

Sie: „Ich weiß darüber nichts und du willst dich jetzt heimlich aus dem Haus schleichen."

Sie: „Wann hast du den vor, wieder zurückzukommen"

Er: „Bernd wollte noch für uns, nach dem Spiel, den Grill anwerfen."

Sie: „Du lässt mich an einem Samstag den ganzen Abend alleine?"

Er: „Ist doch nicht meine Schuld. Du hättest dich doch auch verabreden können."

Sie: „Wer ist dieser Bernd überhaupt?"

Er: „Der Bernd, der zum zweiten Mal Vater wird."

Sie: „Aha, daran kann ich mich erinnern. Aber nichts von deinem Grillabend."

Er: „Typisch Frau."

Sie: „Du verheimlichst mir doch was!"

Er: „Wie kommst du denn darauf?"

Sie: „Ich habe da so ein Gefühl."

Er: „Was für ein Gefühl?"

Sie: „Kommen da auch Frauen hin?"
Er: „Das weiß ich nicht."
Sie: „Ich weiß nicht, ob ich dir vertrauen kann."
Er: „Was soll der Scheiß denn jetzt?"
Sie: „Wenn man so ein Geheimnis daraus macht."
Er: „Mache ich doch gar nicht."
Sie: „Machst du doch. Erst sagst du's mir nicht, dass du heute Abend zum Fußball und danach noch zu einer Party gehst. Dann verheimlichst du mir noch, dass andere Frauen dabei sein könnten. Bist wohl scharf auf eine von denen. Ich komme einfach mit."
Er: „Das Grillen ist ohne Anhang."
Sie: „Dass andere Frauen dort sind, kannst du aber nicht ausschließen."

So kam es dann, dass er, der einzige Mann mit Frau dort beim Grillen war.

Sie: „Wie lange bleiben wir noch?"
Er: „Sind doch erst ne Stunde hier."
Sie: „Mir ist langweilig. Sind ja nur Kerle ohne Frauen hier."
Er: „Hatte ich dir doch vorher schon gesagt."
Sie: „Lass uns nach Hause fahren."
Er: „Wir sind doch gerade erst hier."
Sie: „Mir ist langweilig."
Er: „Wir haben ja noch nicht einmal etwas gegessen."
Sie: „Dann gehe dir jetzt etwas zum Essen holen und danach hauen wir ab."

So ist der Abend gelaufen, nur weil nicht richtig zugehört wurde. Dazu wurden noch viele Vermutungen interpretiert, die absolut belanglos waren. Deshalb nicht nur immer reden, sondern auch den anderen erzählen lassen und vor allem richtig zuhören. Das war jetzt überwiegend für die Damenwelt gedacht, gilt aber auch für alle Männer. Sonst könnte es sein, dass wir demnächst wieder überall als Single alleine hingehen müssen und das wollen wir doch nicht.

In den letzten Tagen, ist mir aufgefallen, dass es wohl auch beim Humor Unterschiede zwischen Mann und Frau gibt.
Wenn ein Mann zu einem anderen Kerl sagt: „Ey Alter, mach mal deine Hose zu, das stinkt nach Fisch." Dann gucken sich alle Männer erst einmal erstaunt an und lachen sich dann kaputt. Es kommt höchstens ein Kommentar des Kerls mit der offenen Hose, wie: „Danke für den Hinweis."
Bei den Damen sieht es bei dem gleichen Spruch ganz anders aus. Der Sprücheklopfer, ist für die leidtragende Frau, sofort zur vogelfreien Person geworden. Wenn Blicke töten könnten, wäre er oder sie nach dem Kommentar jetzt sechs Fuß unter der Erde. Frauen sehen solch einen Spruch als persönliche Beleidigung an.
Dafür finden sie witzig, worüber Männer eigentlich nicht lachen würden. Beim Tischtennis zum Beispiel spielten wir im Doppel Mann/Mann gegen Frau/Mann. Am Nachbartisch spielten 4 weitere Männer ein Doppel. Irgendwie ist im Spiel dann der Ball, bei einem verunglückten Schlag, zum Nachbartisch geflogen und wie der Zufall es wollte, genau zwischen den Augen eines der dort spielenden Männern. Ok, der Schlag hat gesessen. Für unsere Dame am Tisch, die alles mit

angesehen hat, war die Szene so amüsant, dass sie einen immer heftigeren Lachkrampf bekam. Jedes Mal, wenn wir dachten, das Spiel könnte weitergehen, stoppte ein Wiederauftreten ihres Lachkrampfes unser Weitermachen. Keiner der Männer, fand es eigentlich so lustig, wie die Frau am Tisch.
Noch ein Fall des unterschiedlichen Humors.

Sie: „Schatz, das Essen ist fertig."
Er: „Oh, das riecht ja richtig gut und sieht dazu noch lecker aus."
Sie: „Wie viel möchtest du?"
Er: „Was ist das denn?"
Sie: „Geschnetzeltes mit frischem Gemüse und Nudeln."
Er: „Hm, schmeckt sehr gut."
Sie: „Noch Nachschlag?"
Er: „Gerne. Da schmeckt man wirklich, das gute Biofleisch heraus. Ja, das ist eben Qualität und nicht billiges Discounterfleisch."
Sie: „Ich freue mich, dass es dir so gut schmeckt."

Ein paar Tage später, auf einer Party, erzählte sie ihren weiblichen Bekannten die Geschichte mit dem Geschnetzelten. Die Männer in der Runde hörten zuerst stillschweigend zu. Die Pointe kam zum Schluss, als sie nämlich eröffnete, dass das Geschnetzelte veganes Tofu und gar kein Fleisch gewesen sei. Die Damen lachten sich halb tot und bekamen sich nicht mehr ein. Des weilen guckten sich die Männer gegenseitig an und zuckten nur mit den Schultern. Einer fand dann den Mut dann zu fragen, was daran so komisch sei, dass man sich so darüber amüsieren kann.

Es ist auch nicht lustiger geworden, nachdem ich es hier aufgeschrieben habe. Aber, lassen wir die Frauen einfach lachen.

Der Hund und Frauchen oder besser geschrieben, Frauchens Liebling. Ja, Männer, es kommt irgendwann der Zeitpunkt, dann hat das letzte Kind ein Fell. Sie möchte unbedingt wieder ein Baby und bedrängt euch so lange, bis die Fahrt zu einem Züchter ansteht. Da krabbeln dann die kleinen, süßen Hundewelpen herum und sehen euch neugierig mit ihren Hundeaugen an. Das ist der Moment, an dem sie sich in einen der Welpen verliebt und er nicht mehr vom Verstand, sondern aus dem Herzen entscheidet. Kurze Zeit später ist das neue Familienmitglied in seinem neuen Zuhause.

In der ersten Nacht soll der kleine Liebling nicht alleine bleiben und darf zu Mutti ins Bett. Männer, in diesem Augenblick, müsst ihr wieder euren Verstand einschalten und ein absolutes „Hundebettverbot" aussprechen und was wichtiger ist, auch durchsetzen. Verpasst ihr das, teilt ihr euch das Bett für die nächsten 10 bis 15 Jahre nun zu dritt. Mamas neuer Liebling darf dagegen alles und drängt euch in der Hierarchie weiter nach unten.

Natürlich dürft ihr den Hund auch gerne haben, ihr könnt ihn auch lieben, doch der Hund muss wissen, dass ihr der Rudelsführer seid. Dazu gehört, den Kleinen von vornherein seine Grenzen aufzuzeigen. Glaubt mir, er hat euch dadurch nicht mehr oder weniger lieb. Sie dagegen liegt abends auf der Couch und wer darf bei ihr liegen? Ganz bestimmt nicht ihr, liebe Männer. Beim Essen sitzt der Welpe von Anfang an bei Frauchen und bekommt ab und zu ein leckeres Häppchen zugesteckt. Auch diese Marotte müsst ihr sofort unterbinden, sonst wird der Hund lebenslang an eurem Esstisch sitzen und betteln. Betteln? Habe ich betteln geschrieben? Wir Menschen nennen es betteln, aber richtigerweise müssten wir fordern sagen.

Ja, so wird es kommen, wenn der kleine Liebling in sein neues Zuhause zieht.

Unser Paar ist mittlerweile in einem Alter, den man wohl als letzten Lebensabschnitt beschreiben darf. Beide gehen ihrer Arbeit nicht mehr nach und könnten eigentlich ihre Rente gemeinsam genießen.

Theoretisch wäre es so, aber nicht in der Praxis. Wir erinnern uns an den Mann in der Steinzeit. Den Jäger, den Sammler, Hüttenbauer und Kämpfer. Kurz gesagt, der Mann hatte immer irgendwelche Aufgaben, mit denen er sich des Überlebens wegen beschäftigen musste.

In der heutigen Zeit ist es so, dass der Mann sich nicht mehr mit diesen urzeitlichen Aufgaben herumschlagen muss, um zu überleben. Doch da kommt dann das Problem und das Schlimme daran ist, dass die Damenwelt sich nicht in ihn hineinversetzen kann. Er muss einfach etwas zu tun haben. Der Mann kann und möchte nicht aufgabenverloren auf das Abstellgleis verrotten. Rente hin, Rente her, er braucht Beschäftigung. Hat er keine oder zu wenig

Beschäftigung, sucht er sich Aufgaben, mit denen er seine Zeit füllen kann.

Sie: „Schatz? Schatz, wo bist du?"
Er: „Hier, hier in der Werkstatt"
Sie: „Was machst du denn jetzt schon wieder?"
Er: „Ich habe ein neues Projekt."
Sie: „Was für ein Projekt?"
Er: „Ich baue einen Grill."
Sie: „Für wen baust du denn den Grill?"
Er: „Für die Altherrenmannschaft des Fußballvereins."
Sie: „Wieso denn das? Ich dachte, du spielst nicht mehr."
Er: „Die haben mich wieder gefragt und ich dachte, da ich jetzt nicht mehr arbeiten gehe, könnte ich abends ab und zu mal wieder Fußballspielen."
Sie: „Du bist doch viel zu alt dafür"
Er: „Deshalb spiele ich auch in der Altherrenmannschaft, die sind alle in meinem Alter."
Sie: „Hm, jetzt kommt der Fußball auch noch dazu?"
Er: „Wieso auch noch?"
Sie: „Montagabend Kartenspielen, Mittwochabend dein Fußball, der jetzt noch dazu kommt. Dann betreibst du noch ehrenamtlich als Rentenältester die Rentenberatung. Morgens gehst du noch dreimal die Woche ins Fitnessstudio. Wo bleibt dann noch Zeit für mich?"
Er: „Es ist doch noch genügend Zeit für uns über."
Sie: „Und warum unternimmst du nichts mit mir, wenn so viel Zeit für uns übrig ist?"
Er: „Aber wir unternehmen doch so einiges."
Sie: „Wenn ich dich frage, ob wir Fahrrad fahren sollen, bist du müde. Will ich in die Sauna, hast du nur ein paar

Stunden Zeit, weil du zum Fußball musst. Shoppen muss ich auch alleine. Sind wir irgendwo mal essen, guckst du immer auf die Uhr. Aber für alles andere hast du Zeit und bist nicht zu müde."

Er: „Ja, aber wenn ich doch gebraucht werde."

Sie: „Das ist ja schön für dich, dass du gebraucht wirst. Ich weiß aber auch, was du demnächst brauchst."

Er: „Hm, was denn?"

Sie: „Eine andere Frau. Obwohl, keine Frau macht den Scheiß mit dir mit."

Die Kinder sind seit Jahren aus dem Haus. Seit einiger Zeit sucht er nach einem altersgerechten Haus. Nichts, was dem Immobilienmarkt bisher angeboten wurde, war so interessant, dass es seine wirkliche Aufmerksamkeit erregen konnte. Das änderte sich aber, als einen Steinwurf von ihnen ein Haus zum Verkauf anstand.

Er: „Schatz, komm mal hoch zu mir zum Computer."

Sie: „Was ist denn?"

Er: „Schau mal hier."

Sie: „Ja, ein Haus. Na und!"

Er: „Das Haus ist ein Traum."

Sie: „Willst du umziehen? Ich möchte gerne hier wohnen bleiben."

Er: „Das Ding ist schöner als unseres."

Sie: „Wie teuer soll es denn sein?"

Er: „Etwas über 700."

Sie: „Was über 700?"

Er: „700.000 Euro."

Sie: „Bist du verrückt geworden oder hast du heimlich im Lotto gewonnen?"

Er: „Gucken kostet doch nichts."

Sie: „Spinnst du?"

Er: „Ich schreibe dem Verkäufer mal eine Mail."

Sie: „Wofür?"

Er: „Vielleicht ist das Objekt ja was für uns!"

Sie: „Ich hätte lieber wieder ein Wohnmobil."

Ein paar Tage später. Das Paar steht an der Tür des zu verkaufenden Hauses und wartete nach dem Klingeln, dass ihnen die Tür geöffnet wird.

Er: „Guten Tag."

Verkäufer: „Guten Tag."

Sie: „Hm, das riecht hier aber ganz schön nach Nikotin."

Verkäufer: „Es wurde hier drin geraucht und das Haus ist schon ein halbes Jahr unbewohnt. Es müsste mal gelüftet werden."

Sie: „Das stinkt trotzdem."

Er: „Dann schauen wir uns mal um. Gehen wir zuerst einmal in die Küche."

Sie: „Hier stinkt es auch nach Zigaretten. Ich bekomme schon Kopfschmerzen."

Er flüstert ihr zu: „Du musst dich etwas zurückhalten und kannst nicht nur sagen, dass es stinkt."

Sie: „Im Wohnzimmer stinkt es auch."

Verkäufer: „Es wurde lange nicht gelüftet."

Sie: „Hier im Keller riecht es nach Schimmel."

Er: „Ich sehe hier keinen Schimmel. Ist alles trocken und eine Heizung gibt es hier unten auch."

Sie: „Ich rieche es trotzdem."
Er: „Schatz, hier unten ist alles in Ordnung."
Sie: „Ich rieche doch den Muff."

Sie: „Oh, je. Der Teppich hier oben riecht auch. Der muss aber sofort raus."
Er. „Der Teppich würde auch rauskommen."
Sie: „Die ganzen Wände sind vollgesogen mit Nikotin und PAT. Das sind organische Verbindungen, die Krebs auslösen können. Der Putz muss von allen Wänden runter und neu verputzt werden."
Er: „Es muss nur alles mit Essigwasser abgewaschen und mit einer speziellen Farbe angestrichen werden."
Sie: „Ich bin mir da nicht so sicher. Außerdem müssen die Fliesen raus und neue verlegt werden. Der Wintergarten fehlt genauso, wie die Photovoltaik-Anlage auf dem Dach."

Obwohl sie ihm noch einige Tage, wegen des Geruchs durch die Zigaretten in dem Haus ständig ansprach, entschlossen sie sich die Immobilie zu erwerben.

Aber was will der Dialog uns eigentlich sagen? Es geht nicht um den Geruch der jahrelang gerauchten Zigaretten. Der Dialog zeigt uns, dass die Frau, wenn sie sich an irgendetwas festgebissen hat, keine Ruhe gibt. Hier ging es in unserem Fall, um den Gestank von Zigarettenrauch. Es hätte aber auch jedes andere Beispiel sein können.
Was sie nicht mag, mag sie einfach nicht. Männer sind da von der Emotionsebene leichter gestrickt. Sie geben bei solchen Dingen eher auf und beißen sich nicht so fest.

Es gibt natürlich noch viele andere Beispiele, die den Unterschied zwischen Frau und Mann aufzeigen und ich hätte noch viel mehr dieser Beispiele beschreiben können. Doch egal wie viele ich genannt hätte, es würden immer noch die Meisten fehlen. Ich wollte mit dem von mir Beschriebenen keine neuen wissenschaftlichen Erkenntnisse überliefern. Was ich wollte, war einfach nur, dass sich Frau und Mann oft beim Lesen wiedererkannt und über das, was sie da schwarz auf weiß sahen, herzlich gelächelt haben. Noch einmal, möchte ich meine Neutralität bei den Geschlechtern ansprechen. Ich wollte mit meinen satzfüllenden Worten niemals den Mann über die Frau oder umgekehrt stellen. Das Zusammenleben zwischen den beiden Geschlechtern ist nicht immer leicht. Doch wer diesen Ratgeber gelesen hat, hoffe ich, kann sich jetzt noch besser in den anderen hinein versetzen als davor. Nehmt einfach euren Partner so hin wie er ist, dann wird das gemeinsame Leben leichter und erfolgreicher.
In diesem Sinne wünsche ich allen, die mein Buch gelesen haben, ein erfolgreiches Zusammenleben.

Bedanken möchte ich mich noch bei meiner Frau, die erst skeptisch und kritisch über das Thema reagiert hatte. Doch als ich ihr einige Zeilen vorlas, lachte sie herzhaft und genau das, wollte ich mit meinen geschriebenen Worten erreichen.

Kein Bodybuilder, dafür Parkinson

Als Kind und Jugendlicher wollte ich immer Fußballer werden. Ich träumte davon, in den großen Stadien aufzulaufen. Als junger Mann zog es mich dann vom Fußball weg ins Fitnessstudio und dort träumte ich den Traum, meinen Körper dem eines Bodybuilders gleichzustellen. Erreicht habe ich keines von beiden. Bekommen habe ich Parkinson. In meinem hier beschriebenen Lebenslauf möchte ich meine sportlichen und krankheitsbedingten Erinnerungen wiedergeben. Es geht mir darum, mich später mit diesen Zeilen an diese Episode meines Lebens erinnern zu können. Vielleicht liest der eine oder andere Leidensgenosse und Leidensgenossin meine Sätze und findet sich in ähnlicher Weise wieder.

Erzählt wird die Geschichte eines Jungen, der in den Siebzigern des zwanzigsten Jahrhunderts in einer Bergbausiedlung groß geworden ist. Viele kleine und große Erlebnisse begleiten den Leser und geben ihm Einsichten in das Leben der Menschen des nördlichen Ruhrgebietes. Das Geschriebene wurde in der üblichen Sprache des Reviers erfasst und unterstreicht damit das gewisse Gefühl, sich in die Region hineindenken zu können. Viele kleine Kurzgeschichten aus dem Pott werden in diesem Buch beschrieben und führen den Leser in die Welt der Kohle zurück.

In einer geheimen Konferenz beschließen einige der mächtigsten Männer und Frauen der Welt, wie das weltweite Bevölkerungswachstum gestoppt werden muss. Um die Macht der westlichen Industrienationen weiterhin zu sichern und die Umweltzerstörung in den Griff zu bekommen, beschlossen die Anwesenden einen für die meisten Menschen tödlichen Komplott. In den Labors der führenden Pharmaunternehmen sollen Virologen einen Virus und gleichzeitig ein Gegenmittel herstellen, dass dann heimlich auf die Weltbevölkerung losgelassen werden soll. Nur eine ausgewählte Anzahl von Menschen sollte das Gegenmittel verabreicht bekommen und so die weltweite Bevölkerungszahl wieder in eine Richtung reduziert werden, das ein wirkliches Leben der Nachhaltigkeit garantiert. Doch eine Handyaufnahme könnte die Öffentlichkeit warnen und das Vorhaben zum Scheitern bringen.

Die Geschichte handelt über eine verlorene Liebe zwischen dem jungen Rachelle und seiner anvertrauten Ireen. Beschrieben wird der Weg der beiden von ihrer Jugendzeit bis ins hohe Alter. Der Roman führt uns mit Rachelle und Ireen durch eine nicht existierende Fantasiewelt voller Abenteuer, Brutalität und erotischer Episoden. Die Welt in dieser Zeit sollte eine bessere werden, wurde jedoch durch Kriege und das Recht des Stärkeren geprägt. Mord, Totschlag, Raub und Vergewaltigungen waren an der Tagesordnung. Unser Liebespaar flüchtete vor ihren Peinigern und erlebte während ihrer Reise über den Kontinent viel Gutes und noch mehr Schlechtes. Das Ziel: Ein vergessenes Elfenreich

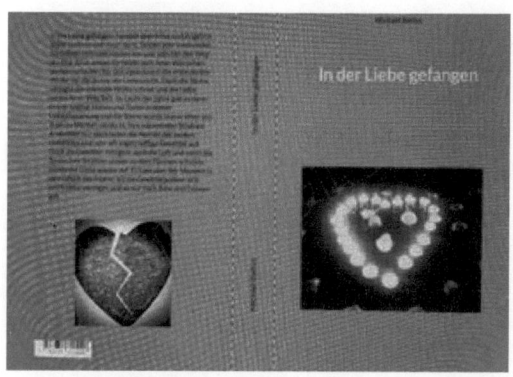

In der Liebe gefangen, handelt über Mike und Angelina. Beide suchten sich zwar nicht, fanden aber zueinander. Sie liebten sich vom Herzen her und wählten den Weg der Ehe. Alles schien für beide nach ihren Wünschen perfekt zu laufen, bis sich irgendwann die erste dunkle Wolke vor die Sonne der Liebe setzte. Doch die Sonne verjagte die störende Wolke schnell und die Liebe setzte ihren Weg fort. Im Laufe der Jahre gab es dann immer wieder Höhen und Tiefen in dieser Liebesbeziehung und die Sonne wurde immer öfter von dunklen Wolken verdeckt. Ihre wärmenden Strahlen erreichten nur noch selten die Herzen der beiden Liebenden und sehr oft zogen heftige Gewitter auf. Doch die Gewitter reinigten auch die Luft und wenn die Sonne ihre Strahlen wieder zu dem Pärchen schickte, blühte die Liebe wieder auf. Es kam aber der Moment in dem Leben des Paares, als die Gewitterwolken sich nicht mehr verzogen und es nur noch Blitz und Donner gab.

Ich möchte den Roman mit dem von mir geschriebenen Songtext
als Einleitung beginnen. Dieser Song spiegelt die Geschehnisse, die
in diesem Roman von mir beschrieben werden, wider.

Als ich im Gerichtsaal saß
und dich dreckig lächeln sah,
lief es mir eiskalt den Rücken runter,
weil ich aus deinem Munde hörte, was geschah.
An meiner Tochter hast du dich vergangen,
als du mit ihr fertig warst,
hat sie sich aufgehangen.

Mit was für einem Recht darfst du weiter leben?
Ich möchte dir einfach nur die Kugel geben.
Du kannst deinen Trieb nicht kontrollieren,
andere Eltern werden auch ihr Kind verlieren.

Dich mir gegenüber sitzen zu sehen,
ist kaum zu ertragen.
Ich hoffe, der Richter wird mutig sein
und nicht versagen.

Nach dem Urteil auf Bewährung,
glauben konnte ich nicht des Richters Erklärung.

Mit was für einem Recht darfst du weiterleben?
Ich möchte dir einfach nur die Kugel geben.
Du kannst deinen Trieb nicht kontrollieren,
andere Eltern werden auch ihr Kind verlieren.

Ich schrie laut nach Gerechtigkeit,
doch dazu war die Justiz nicht bereit.
Ich nahm den Revolver aus meiner Tasche
und erschoss dich,
das war meine Rache.
Eingesperrt wurde ich zu lebenslanger Haft,
viele Kinder habe ich dadurch gerettet,
aus deiner pädophilen Machenschaft.

Mit was für einem Recht darfst du weiterleben?
Ich möchte dir einfach nur die Kugel geben.
Du kannst deinen Trieb nicht kontrollieren,
andere Eltern werden auch ihr Kind verlieren.

Das Recht zu leben hast du nicht verdient,
deshalb habe ich mich meines Revolvers bedient.
Egal was ich tat,
es bringt mir keinen Trost,
meine Tochter ist begraben
und bleibt auf Ewig tot.

Und plötzlich spielten wir bei der Weltmeisterschaft, beschreibt das Erlebnis von Michael Baltus, der als an Parkinson-Erkrankter vor einigen Monaten als Therapieform zum Tischtennisspielen kam und ein halbes Jahr später an der Ping Pong Parkinson Weltmeisterschaft in Pula, Istrien teilnahm. In diesem Tagebuch beschreibt er das Erlebte, seine Gefühle und vieles mehr. Der Autor führt den Leser nicht nur spannend durch das Geschriebene, nein, er gibt auch tiefe Eindrücke in das persönliche Leben eines an Parkinson Betroffenen.

Dies ist der 2. Teil meiner Erlebnisse vor der PingPongParkinson-Weltmeisterschaft in Wels und nach der WM in Pula.

Meine Gefühle, meine Gedanken und meine Erlebnisse möchte ich hier beschreiben.

Mit einigen in der Praxis durchgeführten Dingen bei großen Turnieren, wie zum Beispiel den German Open oder der PPPWC spreche ich konstruktiv die Sachen an, die meiner und die Meinung vieler anderen Mitgliedern verbesserungswürdig sind und geändert werden sollten. Ich hoffe, dass es mir gelingen wird, den Lesern ein wenig von der Spannung, die ich erlebt habe zu vermitteln. Der zweite Teil meiner Trilogie, beschreibt meine Hoffnung und meine Vorbereitung irgendwann einmal meinen Traum, den Gewinn einer Medaille bei den German Open oder einer Weltmeisterschaft zu erfüllen.

Warum ich? Parkinson ohne Erlösung!
Beschrieben werden die Parkinsonsymptome, der
Leidensweg, die Erfahrungen und das Leben mit Parkinson.
Dieser Ratgeber ist für die Menschen, die mit Parkinson
leben müssen, egal ob Erkrankter oder Angehöriger. Ohne
Rücksicht wird hier offenbart, was es bedeutet, mit Parkinson
zu leben. Von der Pharmaindustrie teilweise im Stich
gelassen oder die absolute Hoffnungslosigkeit auf Heilung
führen den Leser in die Welt eines Parkinson betroffenen
Menschen.

© 2024 Michael Baltus
Herstellung und Verlag: BoD – Books on Demand,
Norderstedt
ISBN: 9783758327452